当代大学生就业指导
与创业教育研究

邹 丹◎著

辽宁人民出版社

© 邹丹　2024

图书在版编目（CIP）数据

当代大学生就业指导与创业教育研究 / 邹丹著 .
— 沈阳：辽宁人民出版社，2024.9
　ISBN 978-7-205-11128-1

　Ⅰ . ①当… Ⅱ . ①邹… Ⅲ . ①大学生—就业—研究
②大学生—创业—研究 Ⅳ . ① G647.38

中国国家版本馆 CIP 数据核字（2024）第 085157 号

出版发行：辽宁人民出版社
　　　　　地址：沈阳市和平区十一纬路 25 号　邮编：110003
　　　　　电话：024-23284321（邮　购）　024-23284324（发行部）
　　　　　传真：024-23284191（发行部）　024-23284304（办公室）
　　　　　http：//www.lnpph.com.cn
印　　刷：沈阳海世达印务有限公司
幅面尺寸：170mm×240mm
印　　张：9.75
字　　数：170 千字
出版时间：2024 年 9 月第 1 版
印刷时间：2024 年 9 月第 1 次印刷
责任编辑：张天恒　王晓筱
装帧设计：识途文化
责任校对：吴艳杰
书　　号：ISBN 978-7-205-11128-1

定　　价：68.00 元

前　言

大学生是国家宝贵的人才资源，是社会主义事业的建设者和接班人。大学生就业问题不仅关系着广大青年学子成长成才的切身利益，牵动着成千上万家庭的希望和祈盼，更关系着高等教育的全面协调可持续发展、人才强国战略的实施、和谐社会的构建和社会主义现代化强国建设。渴望有一个好的职业，能够充分发挥自己的聪明才智，成就一番事业，这是每一个有进取心的大学生梦寐以求的事情。然而，求职之路曲折多变，受个人阅历、所学专业、工作经验等诸多因素的影响，部分大学毕业生求职不尽如人意。因此，树立正确的择业观、就业观、价值观、人生观，合理规划职业生涯，增强就业能力，成为每一个青年学子成长成才的必修课；而加强对大学生的就业指导和职业教育，提升他们的职业意识和规划能力，就成为高校教师的一项重要工作内容。

当代大学生除了接受传统意义上的学术教育和职业教育外，还应当拥有第三本教育护照——创业教育。创业教育作为一种全新的教育观念，不但体现了素质教育的内涵，而且突出了教育创新和学生实际能力的培养。随着中国经济改革的纵深发展，市场化改革已经打破了传统的社会经济秩序，自主创业已经在中国大地上成为一种潮流。身处象牙塔的大学生们，面对自主创业的浪潮，也摩拳擦掌，跃跃欲试。但自主创业毕竟不是凭一腔热血就能成功的事。一个成功的创业者应具备强烈的创业意识、顽强的创业品质，并应具备一定的创业能力，如创新能力、策划能力、组织协调能力、领导能力等。此外还需要一定的专业知识、创业条件、社会经验等。这都需要加强对大学生进行系统的创业指导，使大学生正确把握自己、把握创业机遇。因此，高校的创业教育尤为重要。

本书立足于当前大学生严峻的就业形势，对当代大学生就业指导与创业教育进行了深入剖析。全书着重介绍当代大学生就业与创业教育的具体建设，提出了大学生就业认知与职业选择、大学生就业指导、大学生就业综合素质拓展、大学生就业的新选择、创业机会与创业风险等具有可操作性的就业创业方法，让大家可以直观地感受大学生就业与创业的方式方法，从而对其有更加深刻的认识。

目 录

第一章 大学生就业认知与职业选择

第一节 就业认知

一、就业认知概述

就业认知是指大学生在选择职业的过程中，对自己、对职业、对社会与就业有关的问题的认识、了解，以及选择职业过程中的推理与决策。一般来讲，大学毕业生的就业认知状况包括三个方面：一是自我认知；二是社会因素认知，如就业形势和就业政策；三是职业认知。

（一）自我认知

就业的第一步就是要有明确的自我认知，然后才能在就业大潮中找到适合自己的职业。而事实上，目前大学生的自我认知并不十分明确，大学生的自我认知能力并不乐观，自我认知水平相对较差，他们不能对自身能力、兴趣爱好、个性特点、专业特长以及社会对专业人才的需求作出客观的认识和评价，无法对自己作正确的社会定位，缺乏对自身的了解，不清楚自己适合从事什么样的工作，这是造成择业时盲目从众的一个重要原因。

（二）社会因素认知

大学生都希望能找到一份满意的工作，都有自己的职业理想，都有实现自己人生价值的美好愿望，但实现这一切要基于现实基础。我国的大学生对就业社会环境的认知还十分不足，对社会因素的认知主要是就业形势认知和就业政策认知。

1.就业形势认知

大学生对自己面临的就业形势有一个客观的判断是顺利就业的前提。毕业生因为缺乏对就业形势的基本了解及对就业信息的准确分析和判断，导致有的六神无主，茫然不知所措；有的盲目乐观，就业期望太高；有的自暴自弃，不思进取；还有的干脆拿着材料一个单位又一个单位、一个城市又一个城市东奔西跑，结果仍然是无功而返，效果欠佳。

2.就业政策认知

国家的就业政策为大学生就业提供了制度平台，它影响着大学生就业的全过程。国家关于大学生的就业政策对大学应届毕业生的就业行为选择、就业能力的提高和就业机会的获得会产生一定的影响。国家的"需求促进政策"对于大学生的就业行为选择有明显的正向影响，国家的"需求促进政策"越到位、越完备，大学生越倾向于选择就业。

虽然就业政策对大学生就业产生了不可忽视的作用，但是大学生对就业政策的认知还很薄弱，多数毕业生不能很好地利用政策优势和自身情况做到充分就业。

由于近些年就业形势日益严峻，教育部也陆续出台了很多与大学生就业相关的政策，但众多大学生由于对就业政策认知不足，不了解国家对大学生就业的宏观意图与政策导向，使得众多大学生盲目就业，出现认知偏差，从而失去了许多就业机会。

（三）职业认知

职业认知是指大学毕业生对自己的职业个性、职业偏好以及面临的就业信息等方面的认识，获得这一认识的过程可称为职业探测。良好的职业认知有助于激发求职者的工作搜寻动机，提高工作搜寻的努力程度，从而使求职者取得良好的求职结果。可是，目前大部分学生由于不懂得深层次地研究所选职业的特性和相应地调整、充实自己，导致就业失败。

大学生对所选职业认知不足而带来的种种问题，不仅使大学毕业生给用人单位留下不踏实、轻率、缺乏敬业精神的负面印象，更有可能给大学生日后的工作心理状态带来严重的负面影响，这也是造成就业压力的一个直接原因。

因此，大学生要想成功就业，提高对就业的各个方面认知是十分必要的。在接受传统的校园就业指导的同时，大学生还应通过网站和书籍了解专业的应聘技巧及行业需求。与此同时，也可以通过问卷或心理测试了解自己的性格、价值观、兴趣和职业的匹配，必要时还可以求助专门职业发展机构进行测试分析。只有在准备就业前充分了解自己、了解社会、了解所要从事的职业，才能在就业大潮中一帆风顺。[①]

二、提高大学生就业认知的方法

往届生的就业认知代表了社会实际人才需求，在校生对社会人才需求认知同往届生之间的差异反映了在校生就业认知与实际脱节。这是大学生就业能力低、无法适应就业形势的重要原因，同时也是社会政策、高校育人制度、在校生自身等众多因素综合影响的结果。

（一）政府

优化就业信息服务和相关政策，各级政府应以市场原则为导向，优化高校人才就业政策，加强信息服务，让学生更多地知道利好政策。政府应倡导企业尽其所能支持高校人才培养计划，要努力为社会营造一种积极的氛围，使企业认识到这样做是一种承担社会责任的体现，并对与高校积极合作的企业给予奖励，为大学生实习营造良好的社会氛围。加大对大学生自主创业的支持，例如实施工商注册和税费优惠政策、优化创业资助政策；加大创业资助力度，鼓励当地高校与企业采取各种方式合作，共建大学生创业园，将创业园融入当地成熟的产业园区中。

①宋晓亚.经济新常态下大学生就业问题的认识和思考[J].人才资源开发,2022(22)：62-64.

（二）企业

关注政府有关校企合作的各项鼓励政策，优化企业人才引进制度，参与大学生的专业课程设置与实训计划，配合学校通过组织学生参加工作项目来提高非专业素质和专业素质。

（三）学校

细化学校就业指导，加强学生就业心理指导。学校应加强对就业指导教师的培训，定期让就业指导老师深入企业作实地考察，及时了解社会就业形势；各学校就业指导老师应经常沟通交流，开阔视野，全面提高自身的辅导素质，更好地为学生服务。

大一时帮助学生认清自己的目标，做好大学规划，并进行跟踪反馈，帮助学生调整规划；大二开始就业专项指导。

加强与企业的沟通合作。高校需建立完整的实习信息库，包括实习生信息、企业信息、岗位信息、实习反馈信息等，对以往的实习情况进行统计整理，总结出更有效的实习方案，从而指导以后的实习工作。

（四）在校生

1.针对广大在校生

提升综合素质，把自己打造成复合型人才。大学生不仅需要真正具备综合能力，还应该多参加校内、校外活动，多接触社会，提高自己人际交往、沟通协作等能力；不能眼高手低，要戒骄戒躁，虚心向他人请教。调低就业预期，考虑通过多种渠道面向基层就业。

2.针对某些特殊专业

经济类在校生应加强基础性、实践性和创新性学习，结合实际了解本专业在社会中的专业要求；文史类在校生应根据自己的实际情况选择就业方向，关键要准确定位，在校期间应该明确自己的就业方向，发挥自身优势，提高竞争力。

第二节 大学生职业理想

一、职业理想的概念

职业理想是人们进行职业判断的尺度，是判断职业称心与否的标准，是人们在职业上依据社会要求和个人条件，借想象而确立的奋斗目标，即个人渴望达到的职业境界。它是人们实现个人生活理想、道德理想和社会理想的手段，并受社会理想的制约。职业理想是人们对职业活动和职业成就的超前反映，与人的价值观、职业期待、职业目标以及世界观、人生观密切相关。

（一）职业理想的特点

1.职业理想具有差异性

职业是多样性的。一个人选择什么样的职业，与他的思想品德、知识结构、能力水平、兴趣爱好等有很大的关系。政治思想觉悟、道德修养水准以及人生观决定着一个人的职业理想方向。知识结构、能力水平决定着一个人的职业理想追求的层次。个人的兴趣爱好、气质性格等非智力因素以及性别特征、身体状况等生理特征也影响着一个人的职业选择。因此，职业理想具有一定的个体差异性。

2.职业理想具有发展性

一个人的职业理想的内容会因时、因地、因事的不同而变化。随着年龄的增长、社会阅历的增强、知识水平的提高，职业理想会由朦胧变得清晰、由幻想变得理智、由波动变得稳定。因此，职业理想具有一定的发展性。孩提时代想当一名警察，长大后却成了一名教师的事实就说明了这一点。

3.职业理想具有时代性

社会的分工、职业的变化是影响一个人职业理想的决定因素。生产力发展的水平不同、职业理想社会实践的深度和广度不同，人们的职业追求目标也会不同。因为职业理想总是一定的生产方式及其所形成的职业地位、职业声望在一个人头脑中的反映。计算机的诞生，从而演绎出与计算机相关的职业，如计算机工程师、软件工程师、计算机打字员等职业。

（二）职业理想的作用

1.职业理想的导向作用

理想是前进的方向，是心中的目标。人生发展的目标是通过职业理想来确立并最终通过职业理想来实现的。俄国作家托尔斯泰曾说过："理想是指路的明灯，没有理想就没有坚定的方向，就没有生活。"一旦学习目的不明确，学习的热情就会低落，学习的效果就不明显。因此，有了明确的、切合实际的职业理想，再经过努力奋斗，人生发展目标必然会实现。[①]

2.职业理想的调节作用

职业理想在现实生活中具有参照系的作用，它指导并调整着人们的职业活动。当一个人在工作中偏离了理想目标时，职业理想就会发挥纠偏作用，尤其是在实践中遇到困难和阻力时，如果没有职业理想的支撑，人就会心灰意冷、丧失斗志。此外，如果一个人只把自己的追求定位在找个"好工作"上，即便将来有实现的可能，也不能算是崇高的职业理想。因为，这样的理想一旦实现，他就会不思进取，甚至虚度年华。总之，一个人只要树立正确的职业理想，无论是在顺境中还是在逆境中，都会奋发进取、勇往直前。

3.职业理想的激励作用

职业理想源于现实又高于现实，它比现实更美好。为使美好的未来和宏伟的憧憬变成现实，人们会以坚韧不拔的毅力、顽强拼搏的精神和开拓创新的行动为之努力奋斗。

二、职业理想的内涵

（一）职业理想是社会意识的重要组成部分，具有鲜明的时代特点

职业理想是在特定社会生产水平条件下，人们对职业地位、职业声望

---

①吕建勋.大学生就业价值取向引导研究[D].长春:东北师范大学,2022.

评价意识的反映；是从业者在特定社会历史条件时期，在特定的世界观、人生观支配下，对自身所从事的不同职业，对自身所获得的回报的满足而产生的对职业需要的想法和设计。社会职业受到该时代社会生产力发展水平的制约。生产力水平越高，生产力方式越先进，社会分工越精细，社会职业种类就越多；科学技术越发达，职业演化速度越快，从业者选择职业的机会就越多，职业理想也就越容易实现。总之，不同时代从业者的职业理想总是与该时代生产力发展水平相适应的，而职业理想在社会历史发展过程中，始终随时代的发展而变化，始终具有超前意识，具有来源于现实又高于现实的特点。

（二）职业理想是对职业生涯的设计，具有发展性和个体差异性

在人生历程中，职业生涯占了绝大部分，人们对未来的向往和追求，不是被动地进行职业活动，而是理性地、现实地、自觉地规划自己的物质生活和精神生活，将职业理想作为激励自身行动的一种信念，并通过职业选择和从事具体的职业来得以实现。职业随着社会的不断进步而不断变化，同时也带动人们的职业理想相应地发生变化，就个人而言，随着年龄的增长、社会阅历的丰富，职业理想也将发展和变化，并具有明显的个性化特点。首先，自身的政治水平、思想觉悟和道德涵养及人生价值取向，决定着大学生的职业理想方向。其次，自身现有的知识结构、动手能力及对社会事物的分析判断能力，影响着大学生职业理想的追求。再次，个人的性格、气质、情感、意志等非智力因素对大学生的职业适应性和职业理想的形成都具有较大的影响。最后，性别、身体等生理特质，使大学生的职业理想存在着差异性。

（三）职业理想是实现人生价值的精神动力

职业理想是人们对未来社会生活的美好向往，它是反映人们对职业愿望和需求的有形化构想，是建立在客观现实发展可能性的基础上，用客观的必然趋势来展示未来的现实。职业理想是指导、激励人们通过劳动来实

现人生价值的精神动力。职业理想与个人的生活理想、社会理想息息相关。从事不同职业的人获得的报酬也不同，直接影响个人和家庭的经济收入及社会声望，影响人们的生活方式等。

三、职业理想的形成

（一）职业理想的形成是一个由肤浅、主观趋于成熟、稳定的发展过程

1.由具体到抽象的过程

主要表现在从小所处的环境、家庭、学校和社会的教育，让大学生随着自己知识结构的完善和社会阅历的丰富以及思想认识的深入，逐渐形成为某种事业、某个目标而奋斗终身的理想。

2.由漂移到稳定的过程

大学生的职业理想受到个人喜好、社会认知和个人心理成熟情况的影响，其职业理想会逐渐趋于理性和稳定。

3.主客观相结合的过程

大学生在少年时期或大学低年级的时候，往往从个人的爱好、兴趣、愿望以及他人的一些评议出发，形成自己的职业倾向。当他不断与社会接触后，个人的价值追求受客观现实的限制，使他们考虑到更多的现实条件，逐渐使自己的职业理想与客观现实相统一。职业理想是指人们在一定的世界观、人生观、价值观的指导下，对自己未来所从事的专业、部门、种类、发展目标所作出的想象和设计，以及对自己在事业上获取成就大小的向往和追求。树立正确的职业理想，对大学生正确处理择业问题和正确对待职业生涯，最大限度地施展自己的才华和实现自己人生价值具有十分重要的意义。

（二）职业理想受个人价值取向、社会评价和经济利益等因素影响

大学生职业理想的影响因素包括主体因素和客体因素。主体因素是主体内部产生的、与自我意识密切关联的影响因素，包括个性、能力、价值

取向等；客体因素是指职业选择中环境因素的总和，包括社会评价、经济利益、家庭等。

价值取向是个人意识系统的核心部分，而且在根本上制约着主体因素的其他方面。随着价值观的基本定型，大学生的价值取向也基本定型。具体到职业认识领域，大学生对某种价值的追求与排斥，对某类事物的偏好与厌恶，对某种情感的向往与躲避，便成为价值取向中与职业理想最密切的部分。大学生的价值取向、职业社会的价值取向和家庭的价值取向都参与了大学生职业理想的形成过程，只不过它们都已融入了大学生主体的价值观系统，成为其价值观系统的一部分。

职业社会对各类职业所持的倾向性态度总会通过传媒渗透到大学生职业评价心理中，成为大学生社会化认识的重要力量。在现实社会中，人们普遍存在着职业有高低贵贱之分的认识，这种认识就是职业的社会评价。职业的社会评价对大学生职业理想的影响是潜移默化的，它已经进入大学生的社会认知领域，成为不自觉的考虑因素，尤其是当他们对某种职业缺乏深入了解与切身感受时，社会评价作用会格外突出。

经济利益对当今大学生职业理想的确立起着愈加重要的作用。职业必须具有物质激励才能保持永久的吸引力，否则将无法获得选择者的青睐。而金钱意识如果一味膨胀，必然损害许多职业的本色，职业将不再是"职业"，而退化成获取经济利益的工具。对于尚未迈入职业社会的大学生来说，如果付出的劳动不以合理的经济报酬加以体现，那么就会促使其重新选择职业，并且将经济利益放到其考虑因素中更加重要的位置。大学生不是超凡脱俗的圣人，经济杠杆在当代大学生确立职业理想的过程中发挥着举足轻重的作用。

（三）大学生应树立崇高的职业理想

21世纪的今天，科学技术突飞猛进，经济建设日新月异，以知识经济为特征的新时代为大学生开辟了施展才华的广阔天地。服务社会、造福人类既是历史上品德高尚、功勋卓著的人们的人生目标，同样也是当代大学生应树立的崇高职业理想。职业的形成与发展是人类社会发展的缩影。职业本身就是为了协调社会生活，促进社会发展而存在的，它的本质是从属于社会，而不是从属于个人。因此，在人们有限的职业生活中，最重要的是要为他人、为社会作出贡献。大学生都追求实现自己的人生价值，人生价值在于事业上的成就和对社会的贡献。当个人用自己的劳动为社会造福时，总是从社会的评价中获得幸福；这种从社会评价中获得的幸福，又反过来鼓舞他为社会作出更大的贡献。

四、职业理想的实践

（一）职业实践是实现职业理想的必然途径

人们对职业的认识同职业实践密不可分。只有通过"实践—认识—再实践—再认识"的反复循环，人们才能加深对职业的理解和认识，不断修正职业理想的偏差，完善和升华自己的职业理想。职业理想是否与客观现实相符，不能根据从业者的主观感觉如何来决定，而是要通过实践的反复检验，根据人与职业的匹配程度来决定。根据适者生存法则，人应当适应环境的需要，适应职业的需要，理想的职业应当是能让人发挥自身优势和充分展示个人才能的职业。但由于大学生缺乏职业实践体验，难免有情绪化的冲动，往往是理想成分比重大于现实成分，使其职业理想呈现出较大的差异性。只有通过实践的检验，重新审视自己的择业观是否正确，所选择的职业是否切合实际，从而巩固正确的，调整不切实际的，使自身追求的理想目标既符合自身特点和社会需要，又能在长远的发展目标中有实现的可能。

（二）大学生要实现自身职业理想，必须实现人与职业的合理匹配

由于人的心理、生理特点不同，适应的职业范围也不同；职业本身的特点，对人的要求也存在着客观差别。人选择了自己理想的职业，其自身特点和潜能得以充分发挥，在同样的劳动时间内比其不适应的职业的劳动效率要高，社会贡献要多；职业与适应其特点的人匹配，能发挥出应有的

社会功能，产生应有的社会效益。因此，大学生要实现自身职业理想，必须实现人与职业的合理匹配。

（三）大学生在职业选择过程中要处理好职业理想与择业现实的矛盾

职业理想应该建立在个人的专业知识与能力、兴趣和职业激情的基础上，只有三个圆重叠的部分，才可确立为自己的职业理想。然而，大学生在职业选择过程中会发现择业现实与自己职业理想的反差很大。步入职场的头几年称作"职业探索期"，大学生应该用这段时间积累经验、调整自我、寻找机会，为长远发展奠定基础。

首先，要认真分析自己的职业理想定得是否脱离实际，自己的职业素质是否符合职业的选择要求。职业理想必须以个人能力为依据，超越客观条件去追求自己的所谓的职业理想是不现实的。这就要求大学毕业生在择业前一定要正确评估自己、合理定位。

其次，要懂得职业理想不等于理想职业。只有当个人的能力、理想与职业岗位最符合时，即达到三者的有机结合时，这个职业才是理想职业。只要理想职业符合社会需要，而自己又确实具备必需的职业素质，并且愿意不断付出努力，实现自己的职业理想就指日可待。

最后，必须处理好理性择业与实现职业理想的关系。在就业形势严峻的现实前，先就业，再择业，循序渐进，应该是大多数大学毕业生实现职业理想的一条可行之路。大学生可采取"分步达标"和自我调整的办法来把握择业期望值。所谓"分步达标"，即确定一个总的期望值，再将总的期望值分解成几个阶段性目标，然后逐步付诸实施。在实行过程中，如果发现自己所选择的阶段期望值过高，就把它移作下一阶段的期望目标。所谓自我调整，就是把职业期望按其主次分成不同的层次，先满足主要的需求，然后根据自己的实际情况和客观条件的变化，依次进行必要的调整，直到个人意愿和社会需求两者吻合为止。

第三节 大学生职业选择

一、职业选择的概念

职业选择是劳动者在自身价值观的指导下，依照自己的职业期望和兴趣，凭借自身能力挑选职业，使自身能力素质与职业需求特征相符合的过程。职业选择过程中，劳动者是职业选择主体，是择业行为能动的主导方面，而各种职业则是被选择的客体。职业选择受劳动者自身条件和职业要求的限制，不能任意进行；职业选择是劳动者与劳动岗位之间互相选择、互相适应的过程，这一过程在劳动者的职业生涯中可能不止一次发生。价值观对职业选择的导向和定位起着决定性作用，正确的就业价值观应当是切合实际的、合理的。

正确的职业选择需要与自身实际、职业需求和形势发展相适应。只有切合实际、合理的职业选择，才能使大学生就业灵活地适应社会需求，才能使就业既着眼于长远，更立足于现实；既符合本身的实际，更适应社会的需求；既可专业对口，更可全方位地挑选。所以，正确的职业选择至关重要，也是大学生实现顺利就业的基本前提。

合理准确的职业选择能够促使大学生对就业进行理性思考，增强就业的主动性。要实现合理准确的职业选择，大学生必须对自己的人生观和价值观进行内省和反思，进一步明确自己的人生观、价值观，并能将其与社会现实和社会责任的需要较好地结合起来。在明确的人生观、价值观指导下完成职业选择能给毕业生指明奋斗的方向，有利于毕业生就业主动性的增强。

二、职业选择的原则

首先，应将眼光放远一些。毕竟一个人的第一份职业对他的一生将产生极其重要的影响，理应慎之又慎。将眼光放得远一些，能够集中精力考虑一些深层的东西，而不至于被眼前的一些表面的东西迷住视线。也许有些职业是时下的热点，有比较好的待遇，而职业选择却会影响人的一生，所以最终抉择要根据自己的性格和爱好及理想而定，这可能更容易进入角色，而且具有更持久的动力，并能使人从工作中获得更多的乐趣和激励。

其次，应该为自己留有足够的发展空间。随着人的年龄与阅历的积累与增长，对个人的兴趣与天赋将有更为深入的认识。随着环境的变化，人的兴趣也会发生变化。所有这些变数的存在都要求我们在择业的时候，特别是在高职高专毕业生第一次择业时，为自己的将来留有足够的发展和回转空间。换句话说，就是最好不要将自己一开始就局限在一个较为狭隘的区域里，而是通过工作的过程来寻找自己真正的兴趣所在，这样不会因为自己已经局限于某一领域而后悔。

最后，兴趣爱好固然重要，但它并不是与生俱来的，它与后天的培养和环境的影响有着重要的关系，这已经成为大多数人的共识。一个在医学世家中成长起来的年轻人有可能继续他的家族事业，这并不一定因为他天生喜欢白大褂或者手术刀，他的家庭对他从小的熏陶和影响是至关重要的。

三、选择职业时应注意的几个方面

（一）认识自己，了解职业

认识自己，既包括认识自己的兴趣、气质、性格和能力，也包括认识自己的心理素质、知识结构和职业适应性，其目的在于真正了解自己最适合干什么工作。了解职业，既包括了解职业活动内容、职业特点、职业环境、职业报酬，也包括了解职业对从业者素质的要求。了解职业的目的，在于求职有针对性、盲目性。任何人都有自己的优点和缺点，然而优点和缺点并不是绝对的，有时对一种工作来说是优点，对另一种工作来说则可能是缺点。同一种因素，对某些招聘者来讲是优点，而对另一些招聘者来说则可能是缺点。因此，有选择地突出自己的某些特点，就是要扬长避短，把自己的优势转化成对方需要的形式，转化成招聘者能接受的形式。事实表明，在众多求职者实力相差无几的情况下，究竟谁能被录用，就看谁能展示自己与众不同的特长。

（二）正确把握自己的择业期望值

在现代社会中，职业是多种多样的，人们的职业期望也不尽相同，但并不是人们所有的职业期望都能变成现实。一个人的职业期望能否变成现实，主要看其是否建立在合理的基础之上。并且，人的职业期望有时是会发展变化的，它随着社会生产力的发展而发展，随着社会职业结构的变化而变化。因此，人们在职业选择过程中，应实事求是地对自己的职业期望作一个客观科学的分析，分清哪些是合理的、是能够实现的，对此应努力追求；哪些是不合理的、实现不了的，对此应放弃。这就要求每位大学毕业生，以自己的专业所长、个人素质优势以及客观的社会需求为基础，确立积极合理的职业期望。

一个人的择业目标能否实现，除了个人素质、专业、社会需求、机遇等条件外，主要取决于自己择业期望值的高低。当毕业生根据自身条件和社会需要确定了自己的择业目标之后，如何把握择业期望值就成为毕业生择业目标能否实现的关键性问题。如果把握不好，就难免走入择业的误区。应正确把握择业期望值，防止下列问题的出现。

1.防止图虚荣的思想

由于虚荣心作怪，一些毕业生在选择职业时，不顾客观条件的限制，一心只想找一份让人羡慕的职业。至于自己能否胜任、是否适合自己、能不能有所发展都不予考虑。其结果要么因超越现实而无法实现；要么在工作岗位上无法施展才能，业绩平平。

2.防止图享受的思想

优越的待遇和条件往往对大学毕业生最具诱惑力，但这也是导致毕业生择业失败的原因之一。客观地讲，大学毕业生希望有一个较好的工作环境和生活环境，这种职业期望是可以理解的，问题是有部分毕业生对这类单位的职业活动特点知之甚少，而对其收入和生活条件期望过高，甚至有部分毕业生只讲金钱、图实惠，只要生活条件好，不惜放弃自己的专业和抱负。这种只图一时享受和实惠不考虑国家需要和个人发展的择业观，不仅是不可取的，而且也是不现实的。

3.防止图安逸的思想

害怕艰苦，害怕到生产建设第一线和艰苦地区工作，这也是导致部分毕业生择业出现偏差的重要原因。有几分耕耘，便有几分收获。人生犹如一个竞技场，不付出艰苦的劳动，就无法得到社会的承认。

4.防止偏离自己的择业目标

择业目标的确定要从自身素质和社会需要来考虑，确定选择期望职业也是如此。大学生在确立自己的择业期望值的过程中，如果偏离自己的职业兴趣、专业特长和实际能力，就失去了自己的优势，从而偏离自己的择业目标。有的毕业生明明在某一方面素质不太好，却选择对这方面素质要求较高的单位；也有的毕业生明明在某一方面素质很好，却轻易地放弃了能发挥自己这方面素质特长的单位或换位选择，这些对于自身的发展和成长都是不利的。

5.防止期望值过高

有的毕业生在择业过程中，不顾自身条件的限制，眼睛死盯着"好单位"，宁愿待在"上面"无所事事，也不愿到"下面"较适合自己的地方去施展才华。实践表明，就业期望值过高容易使人陷入两种困境：一种情况是由于期望值超出现实而使自己在择业时屡屡失败；另一种情况是即使侥幸获胜，也会因自身能力不及，工作无法胜任而处于被动之中。①

四、新时期大学生择业观的特点

择业观是大学生在选择职业时赖以形成基本价值判断、权衡利弊的原则、决定取舍的标准、构成好恶倾向的根据等关于择业取向问题的价值观前提。择业观一旦形成，就会深刻地影响、制约大学生的具体的择业行为。新时期，世界范围内的经济全球化和我国社会主义市场经济的进一步发展，对大学生的思想意识成长产生了深刻影响，也直接影响、制约了大学生择业观和择业心态的形成和发展。

---

①周文霞，李硕钰，冯悦.大学生就业的研究现状及大学生就业困境[J].中国大学生就业，2022(07):3-8.

（一）大学生择业观的特点

1.时代性

大学生择业观的形成和发展，与时代的变化是紧密相连的。不同发展时期的社会有着不同的阶段目标，不同时代的大学生就有不同的择业目标，可以说大学生择业观的变化是时代变化的晴雨表，在不同时期呈现出不同的特点。20世纪70年代末80年代初的大学生开始有了自己选择职业的意识，但毕业时必须服从国家分配，他们在就业时最看重的是"社会地位"，追求的理想职业是"科学家"和"工程师"。20世纪80年代的大学生择业标准，第一位是"社会地位"，第二位是"社会意义"，第三位是"发挥个人才能和报酬"。到了20世纪80年代末，"符合个人特长"成为他们择业的首要标准。20世纪90年代初期，大学生就业时追求"第一职业求稳定，第二职业求发财"。20世纪90年代中期以后，曾流行的"待遇决定职位选择"的模式已基本过时，新时代，"能否发挥专长"又成为大学生择业的首要标准，许多大学生认为要在个人和社会两个价值之间找寻最佳结合点。在新时代背景下，大学生的择业取向呈现出多样化和个性化的特点。随着社会经济的发展和职业结构的调整，大学生们在选择职业时不仅考虑个人兴趣和职业发展潜力，更加注重实现自身价值和对社会的贡献。由此可见，大学生择业观表现出强烈的时代气息。

2.主体性

从横向比较来看，大学生择业群体有自己鲜明的特征。有学者研究认为：大学生具有"五高峰、四最、三敢、两缺乏、一中心"的特点，即体力高峰、智力高峰、社会需求高峰、特殊行为高峰、成就高峰；最积极、最富有生气、最肯学习、最少保留思想；敢说、敢想、敢干；缺乏社会生活经验、缺乏实际工作经验；常常以崇尚自我为中心。这些主导特征构成了大学生择业群体，并制约着他们的择业观。主要体现在职业选择过程中，他们崇尚自我、以个人为中心、注重个人奋斗、强调自我价值的体现；在职业活动中，只愿当主角，不愿当配角，总担心自己被埋没、大材小用等。

3.差异性

大学生择业观因大学生分布的地域不同、学历层次不同、所学专业不同、男女性别不同、需求重点不同而呈现出明显的差异性。从地域分布来看，大学生就业去向有东部与西部、沿海与内地、本地与外地等差异；从学科专业来看，大学生学习有文、理、工、农、医、经、管、艺等众多领域的差异。这些差异性主要体现在两个方面：一是在升学与职业的选择上；二是在选择职业的出发点上。例如，大学生在设计自己的成才之路时是多角度、全方位的：或考研专攻学业；或考"托福"以向外谋求发展空间；或从政以争取社会声望和社会地位；或经商以充实经济基础；或积极响应国家号召，为国为民奉献热血青春等。

（二）当代大学生应当树立怎样的择业观

学校和社会要引导大学毕业生转变"精英"意识，树立普通劳动者观念，大学生也是社会阶层的普通成员，要以普通劳动者的心态和定位选择工作。在当前新形势下，大学生应当树立以下几个方面的择业新观念。

1.勇于面对竞争的观念

社会主义市场经济最显著的特点之一是竞争，竞争意识是现代人必备的素质之一。面对就业竞争的现实，大学生应当摆脱被动依赖、消极等待的状况，敢于竞争，树立"爱拼才会赢"的观念，做好多方面的竞争准备。

（1）要树立强烈的竞争意识

人才市场上的供求关系总会存在这样或那样的一些不平衡之处，同一职业往往有较多的择业者期望获得，如果没有主动竞争的思想准备和积极参与应聘的行为，是难以顺利就业的。

（2）要培养雄厚的竞争实力

竞争实力是综合素质的体现，包括思想品德素质、专业素质、文化素质、身心素质等。竞争实力是在大学生活的过程中逐渐培养和塑造的结果。在公开、公正、公平的竞争原则下，竞争实力就是个人实现择业理想的资本。

（3）要坚持正确的竞争原则

大学生在就业竞争面前，要保持自己的人格尊严，诚实守信，凭自身的竞争实力并运用恰当的竞争技巧去赢得用人单位的青睐。

（4）要保持良好的竞争心态

有竞争就有风险。参与竞争就难免要受到挫折。对于就业竞争中的大学生来说，尤其要注意提高遭受挫折后的心理承受能力。把挫折看成磨炼意志、增强能力的好机会。保持良好的竞争心态，主动摆脱受到挫折后的颓丧情绪，要认真分析失败的原因，调整自己的心态和择业目标，鼓足勇气，争取新的机会，绝不能因此而灰心丧气、一蹶不振。

2.树立先就业，再择业，后创业的观念

打破一步到位、从一而终的旧的就业观。市场经济配置人力资源的特征是人才流动，毕业生也不必急于在短时间内找一个固定的"铁饭碗"，要树立不断进取的职业流动观念，并学会在流动中发现机会、抓住机会、把握机会。

3.树立自主创业和终身学习的观念

自主创业是通过采取单干、合伙等方式创办公司或其他企事业单位，从事技术开发、科技服务以及其他经营活动来创造就业岗位，并依法获得劳动报酬的就业方式。自主创业给具有创造力和活力的大学生提供了就业和深造以外的"创新之路"。随着知识经济和信息化社会的到来，大学毕业生只有不断学习新知识，才能适应社会发展的需要，否则将会被职业无情地淘汰。大学教育固然重要，但毕竟只是终身教育中的一个阶段。大学毕业后的延伸学习和重新学习，对于选择及重新选择职业岗位和取得职业成就，无疑具有同样重要甚至深远的意义。

4.树立到基层、农村去的观念

在大城市、主要机关提供的就业机会日趋饱和的情况下，农村和基层的广阔天地也为大学毕业生施展才华、实现理想创造了条件。

5.树立发挥专业所长，但也注重综合素质的观念

毕业生在择业时首先要考虑所学的专业，根据专业特点谋求职业，以做到专业特点与职业要求相匹配，发挥专业优势；同时也要考虑综合素质和能力，一味强调专业对口，会使毕业生在激烈的竞争中失去很多机会。

（三）大学生择业观分析

1.大学生择业存在的亮点

（1）专长比专业更关键

专业知识掌握不牢固，缺乏实际操作能力，这是当前大学毕业生在求职中遇到的一个普遍问题。现在企业选人不只看专业，更主要的是要考察其能力，看有没有培养和开发的潜能，所学专业并不重要，重要的是看他的专长是否符合公司的需要。如果明天就让你上班，你能立刻为公司产生效益吗？

（2）就业比择业更重要

严峻的就业形势不允许大学生追求一步到位，比较聪明实际的做法，还是先找个工作，再寻找机会分步到位。如果斤斤计较眼前的职业岗位是否理想，就会失去许多就业起步的机会。因为大学毕业生的第一次就业只是职业生涯的开始，这不表示你将终生在这个岗位上就业。

（3）发展比高薪更要紧

随着就业竞争的加剧和收入的普遍提高，个人的发展空间和前途已成为求职者关注的焦点。择业时，薪酬已不再是求职者首要考虑的因素，取而代之的是个人发展和企业前景。作为初出茅庐的大学生，对此趋势不可不知，应更好地调整自己的择业心态。

2.六种落后的择业观

（1）攀比心理

大学毕业生寻找选择就业单位时，往往是拿自己身边同学的择业标准来定位自己的就业标准。在这种心理作用下，即使某单位非常适合自身发展，但因某个方面比不上身边同学选择的就业单位，就彷徨放弃，事后却后悔不已。

（2）盲目求高心理

部分大学生只考虑自己的就业理想，要求用人单位十全十美，工资、福利、地理位置、工作环境，无不在其考虑之中，却忽视了如此完美的单位能否接纳自己。不掂量自己的才学，不给自己合理定位而盲目求高，最终导致不少大学生与适合自己的用人单位失之交臂。

（3）不平衡心理

部分大学生或因自身综合素质和能力不足，或因时机把握不准而找不到理想的工作单位，但这些大学生往往不能正确分析原因，反而怨天尤人，从而产生不平衡心理。这种不平衡心理往往导致少数大学毕业生对社会、对人生产生偏颇看法。

（4）自卑心理

在竞争激烈的求职场上，部分大学生因所学专业不景气，或因自己专业知识、专业技能及综合素质不如其他同学，或因求职屡次受挫，而产生强烈的自卑感，并进而转化为自卑心理。有这种心理的大学生往往没有信心和勇气面对用人单位，不能适当地向用人单位展示自身的长处，从而严重影响了就业与择业。

（5）自负心理

与自卑心理相反，部分大学毕业生因所学专业紧俏，或因就读学校为名牌学府，或因自己无论专业知识还是综合素质都高人一筹，或因为被不少用人单位垂青，而产生了一种高人一等的极端自负心理。在这种心理支配下，往往是"这山望着那山高"，这个单位不顺眼，那个单位也不如意，从而错过不少适合自己发展的用人单位。

（6）依赖心理

有部分大学毕业生，虽然接受了几年大学教育，但在很多事情上还是缺乏应有的分析和解决问题的决策能力。在择业就业时，对一个单位是否适合自己，往往不是凭自身思考来决断，而是依靠父母师长之意、师兄师姐之言进行取舍，表现出较强的依赖心理。

（四）当代大学生在择业时要注意的几个问题

1.树立正确的择业观

在当今社会，只有有能力的人，才不会被时代淘汰；只有有能力的人，成长的舞台才会无禁区。因此，这就要求当代大学生要继续保持在大学时代学习的好习惯、好态度、好学风，不断加强学习，不断充实自己，不断提高自己各方面的能力，树立正确的世界观、人生观、价值观和择业观。

2.量体裁衣，选择适合自己的职业

选择什么样的具体职业应该根据每个人的潜能和特长来确定。现代社会的一个重要特征就是行业更加细化，与此相对的职业也更加多样化，这一形势为具有不同潜能和特长的个人寻求更符合自身条件和兴趣的职业，创造了日益广阔的前景。因而，当代大学生在选择职业时，要正确判断自己有哪些潜能和特长，力求做到对号入座。

3.从实际出发，准确把握人才市场的供需信息

人才招聘会每周都在办，人才市场天天都开放，准确掌握人才市场的供求信息，对于当代大学生择业尤为重要。当今社会是信息时代，谁能及时有效地获取信息，谁能从实际出发，准确审视就业形势，谁就能早日步入理想的职业岗位。

第二章　大学生就业指导

第一节　大学生就业准备与职业适应

一、大学生就业准备

（一）明确学习目的，激发学习兴趣

1.学习是大学生的主要任务

（1）学习的概念

"学习"一词最早见于《礼记·月令》中"鹰乃学习"。学，是效，仿效、效法、模仿；习，是反复，一次又一次练习、锻炼。学习的本义是指鸟类反复学飞。孔子说"学而时习之，不亦乐乎"，是说从老师那里学到的东西要经常复习、练习。

在今天，学习概念的含义要丰富得多，可以从广义、中义、狭义三个层次上理解。广义上的学习，指的是人和动物在同外界事物的接触中获得个体经验，引起自身对外界事物的适应性变化，提高自身适应能力的过程。人和动物刚生下来，对外界事物是不能完全适应的，要在同外界事物的接触中获得经验，进行体验，调动自身的潜能，调整自身的行为，从而达到自身与环境的和谐，进而使自身求得生存和发展。这个过程就是学习的过程。中义的学习，指的是人的学习。人和动物相比最大的不同在于人有意识，有主观能动性。动物的学习是本能地学会对外界事物的适应，是对本能的调动和开发，而人的学习除了本能因素外，还注入了人的意识，人能够主动地，即有意识、有目的地同客观事物接触，获得个体体验和经验，学得知识和技能。这里讲的学习，相对来说仍是广义的，它包括人对自身生活技能、生存技能和发展技能等全部技能的学习。小孩从吸吮母亲的乳头到吸吮奶瓶，就是一个学习的过程，学吃饭、学走路、学穿衣、学做事等一切生存、生活技能的获得都是学习的过程。我们平时说的学习，一般指的是狭义的学习。即通过教育和自我教育，了解、掌握、积累和体验科学文化知识、思想政治道德和劳动技能的活动和过程。从内容上讲，它主要是指科学文化知识、思想政治道德和劳动技能；从形式上讲，它离不开教育手段和自我教育；从结果上讲，它是以提高人的科学文化知识素质、思想政治道德素质和综合能力素质为目的的。

（2）学习的一般特点

这里讲的学习是指人的学习。人的学习与动物的学习相比，有自己的特点。

第一，人的学习具有社会性。马克思主义关于人的理论认为，任何人都处在一定的社会关系之中，人只能是社会的人，人离开了社会就不能生存、不能发展。首先，人的生存和发展的各种需要只能在社会中产生，并且只有通过社会实践才能得到满足，而学习需要的满足也不例外。其次，人的需要受到社会发展需要的决定和制约，社会的发展会给人类提出各种各样的课题，要人们去思考、去解决，这就为人的学习提出了要求和提供了动力。最后，人的学习活动的内容、形式、方法也是受到社会历史发展条件制约的。

第二，人的学习表现为主动性。动物的学习只是被动地、本能地适应自然，而人的学习则是主动地去学习自身的生活、生存、发展所需要的知识、经验和技能。这种主动性首先表现为有目的性，人的学习是有目的的，人总是为了达到一定的目的而学习，这个根本目的不在于消极地适应世界，而在于能动地去改造世界，创造更多的物质财富和精神财富。这种主动性表现为自觉性，学习活动的发起、学习活动的持续、学习活动的指向对象的转移、学习活动的停止等一切与学习有关的活动，都是人在一定的思想意识指导下，在一定意志的控制下自觉、主动进行的。

第三，人的学习具有继承性和创造性。由于人的学习是借助于人特有的语言、文字媒介来进行和完成的，所以人可以通过语言、文字工具，在学习中把人类积累起来的丰富社会历史经验继承下来，转化为个体的精神财富，并在此基础上，在能动地、有目的地改造世界的过程中创造出新的个体经验。

学生的学习与人们在日常生活和生产实践中的学习相比，既有共同点，又在学习的内容、条件、要求、方式等方面具有特殊性：学生的学习以掌握间接知识为主，以书本的学习为主要对象，为将来参加社会实践作准备；学生的学习是在老师的指导下，有目的、有计划、有组织地在人为创造的环境中进行的，这样的学习可以不去重复前人探索经验的漫长进程，而是有选择地掌握前人经验的精髓，具有集中、快速和高效的特点；学生的学习是以系统地掌握科学知识、技能，培养智能和思想政治道德品质为主要任务，以德智体美劳全面发展为目标。

（3）大学学习的特点

大学学习是人的一生中学习的最重要阶段。它不仅具有人的学习的一般特点，又有学校学习的特殊性，同时还具有大学学习更为特殊的特点，这些特点反映着大学学习的特殊规律。了解掌握这些特点和规律，对于提高学习效果和学习成绩是十分必要的。

一是专业性特点。大学是为国家培养高级专门人才的，所以大学生的学习具有一定的专业方向性，学习的内容是围绕专业方向的需要展开的。每个专业都要根据社会对该专业人才的要求，制定出该专业的培养目标、教学大纲、教学计划、教学方法和手段，为实现教学目标服务。不过，专业性也是相对的。有一定的专业性，又不完全局限于这个专业，还要有较强的适应性。现代科学技术正朝着两个方向发展：一方面是继续朝"专"的方向发展，原有学科仍在继续分化过程之中，分支还会增多；另一方面是朝着综合的方向发展，交叉学科、边缘学科、综合学科也在不断产生。这种状态，要求大学生要克服只重视专业课的学习、不重视基础课的学习，只重视本专业的学习、不重视相关专业的学习的状况，必须在学好本专业基本知识、基本技能的同时，有意识地拓宽自己的知识面，增强自己的专业适应性，尽可能使自己成为一专多能的通才。

二是自主性特点。自主性是指大学生在学习的过程中，主观能动性增强，改变了中学时期对教师和课本的依赖心理。这种自主性表现在大学生的课外学习计划、自学时间和学习方法可以自决自控；学习内容有一定的自主选择，可以在学好必修课的前提下，根据自己的兴趣、特长，在学科方向、课程内容方面有侧重地学习，学有余力的还可以辅修其他专业和攻读第二学位。学习的自主性还表现在学习的多渠道性，即可以在学校提供的条件下，通过各种不同的渠道和途径，如学术报告、知识讲座、讨论会、社会调查等，丰富和发展自己的知识和能力。

三是实践性特点。所谓实践性特点，是说大学生在课堂上、书本上学习的基本知识和基本理论，要通过参加一些实践性环节加以巩固，增长一些书本上学不到的知识和技能。实践环节主要是培养大学生的独立思考能力、实际操作能力和解决问题的实际能力。所有大学生既要重视理论学习，又要重视实践环节，在实践中发现自己在实际动手能力方面的差距，完成从知识到能力的过渡。

四是创造性特点。大学生的创造性，是指在学习过程中的创造意识和创造活动。这是由大学生自身的特点和大学教育的特点决定的。大学生生理、心理、思维、智力发展日趋成熟，为他们的学习由继承性过渡到创造性提供了基础；大学教学的特点，如专业性、自主性、实践性，又为他们在学习中发挥创造性提供了条件。因此，大学生在学习时，不仅仅是知识的接收器，还要对现有的知识进行梳理、整合、体验、思考、加工，使之变为"自我"的知识，并且有可能创造出新的知识。

2.加强学习是时代提出的新要求

进入21世纪，我们面临的时代是和平与发展的时代、新技术革命带来的科学技术突飞猛进的时代、世界经济正走向全球化的时代、我国正阔步向社会主义现代化强国迈进的时代。在这样的时代里，加强学习有着特别重要的意义。

第二次世界大战以后，科学技术发展之快、发展规模之大，发生作用的范围之广、影响之深远，是人类历史上前所未有的。

第一，人类拥有的知识总量迅速增加。人类有史以来，对客观世界的认识能力呈加速度提高趋势，相应地，人们对客观世界认识获得的知识也呈加速度增长趋势。人类发展到今天，认识能力已空前提高，知识总量迅速增加，被人称为"知识爆炸"的时代。随着人类拥有的知识总量的不断迅速增加，就个人来讲，自己已有的知识过时的速度也日益加快，大学里学习的知识，毕业后5年内将有一半成为过时的。今年内学习的知识，也许明年就过时了，甚至年初学习的知识年底就过时了。

第二，科技运用于生命的周期日益缩短。20世纪初，电动机从发明到应用共用了65年，电话用了56年，无线电通信用了35年，真空管用了35年。而21世纪前后，科技发明到生产运用的周期大幅缩短了。雷达从发明到运用用了15年，喷气发动机用了14年，电视机用了12年，尼龙用了11年，原子弹爆炸用了3年，集成电路用了2年，激光器用了1年。现在许多发明从问世到运用，往往只需要几个月的实践，甚至在研究的过程中就已经在筹划着运用了。

第三，新技术、新产品层出不穷。在生物技术、电子技术、信息技术、材料技术等领域，新技术、新产品使人眼花缭乱。最近几年，科技界热门话题一个接一个，超导技术、纳米技术、克隆技术等，成了国家之间科技竞争的焦点。我国在这些领域都占有一席之地，并且处在前沿。还有航天技术、海洋技术、激光技术、能源技术等，也都生机勃勃，方兴未艾。

第四，科学技术使人们的劳动对象发生了深刻变化。在人类历史相当长时期内，人的劳动对象主要是自然物。随着科学技术的进步，劳动对象越来越多地变成人工加工物，又叫人造自然物。

第五，科学技术的发展使未来社会成为知识经济社会。大家普遍认为，进入20世纪90年代，知识经济已初见端倪，21世纪的世界经济将是"知识经济"。所谓知识经济，就是建立在知识与信息的生产、分配和使用之上的经济。知识经济的确立，意味着知识在经济发展中的地位越来越重要，人们越来越依靠有效的知识活动来促进经济的增长。未来国与国之间的竞争，主要取决于科技和教育的发展、知识的创新和技术的进步。国家缺少知识将无以立国，个人缺少知识将无以立身、寸步难行。

所有这一切，都为我们今天的学习提出了新的更高的要求。每个人要想适应社会，能够胜任社会劳动，他需要的知识量比过去大大增加了，需要接受专门教育的时间比过去延长了。

（二）树立正确的学习目的，讲究学习方法

1.树立正确的学习目的

学习目的所回答的是"你上大学是为了什么"的问题，或者"为了实现什么志愿、理想你才上大学学习"的问题。就目前的情况看，现在的大学生学习的目的大致可以归纳为以下几种：第一种是立志为社会主义现代化事业作贡献而勤奋学习；第二种是为个人成名成家、实现个人价值而学习；第三种是为拿个文凭，找个饭碗，改变自身原有的环境和地位而学习；第四种是为了报答父母的养育之恩而学习。还有些人谈不上什么明确的目的，浑浑噩噩，得过且过。如果仔细观察就会发现，在我们的大学生中，无论已经毕业的还是目前在校的，由于学习目的不同，由此所激发的学习动机、在学习中的表现是有很大差异的。只有符合历史潮流、合乎人类需要的明确的学习方向和崇高学习目的的人，才会有高度的学习自觉性和责任感，才能有坚韧不拔的毅力和克服困难的勇气。可见，树立明确而远大的学习目的是成才的首要条件，它在成才中起着定向和保证作用，对学生的学习精神和态度产生强烈的影响。

2.掌握学习方法，提高学习效率

大学的学习生活突出地表现出专业性、阶段性、自主性和探索性的特点。托尔斯泰曾经说过："成功的教学，所需的不是强制，而是激发学生学习的兴趣。"欲改进学习方法，提高学习效率，培养良好的学习习惯与学习方法，同学们可以考虑以下问题对自身的影响：怎样看待大学的学习内容、学习方法、学习环境等问题？认为自己是否适应大学的学习生活？哪些方面适应得较好，哪些方面适应较差？认为读大学以来，自己在学习方面有哪些变化？哪些因素的不适应会对学习产生影响？

（1）学习方法

学习方法与学习效果有着密切关系。正确的学习方法可引导学生走向成功，错误的学习方法会使学生的学习活动停滞不前，甚至误入歧途。观察那些学习效果较好的学生，他们都有正确的学习方法。这就要求对学生进行学习方法指导，启发他们去思考，用这样的方法去学习效果将会更好。如果能使那些因方法不当导致学习成绩不佳的学生不断地总结学习方法，吸取他人好的学习方法，克服自己学习中那些笨拙的做法，将会对他们的学习有很大的作用，从而使他们更快、更好地掌握知识。培养学生良好的学习方法，应从学习的各个环节做起。

（2）培养自主学习能力

对于大学生而言，自学能力就是指在没有教师直接指导的情况下，一个人能够独立思考、独立提出问题，并通过查阅资料，达到分析问题和解决问题的目的的一种能力。简单地说，就是一个人无师自通的能力。一般而言，在提到自学能力的时候，大部分是指自己对书本知识的学习和理解。但事实上，自学能力不只是讲的关于学习科学知识的能力。大学生和中学生不一样，中学生的学习偏重对书本知识的理解和记忆，而大学生即将在毕业以后走上社会，成为国家和社会的栋梁。对大学生而言，自学不仅要包括以上的内容，还应该包括思索和自我发现，吸收和改进现有的方法，从而找到最适合自己的思考方式，拥有独立提出问题、分析问题、解决问题的素质。

一个人的自学能力不是与生俱来的，而是后天培养形成的。大学生培养自学能力首要的前提是要有充分的自信心，在这个基础之上，可以采取多条途径培养自学能力。

但是，由于大学生自身以及一些客观因素的影响，使得他们的自学能力显得比较薄弱，通过分析，原因有以下几点：①摆脱了过去在中学时一直受老师和家长的约束，使得他们在大学中无节制地放松自己，忽略了大学学习所需要的自学能力。②没有树立正确的人生观，还没有意识到自学能力的重要性。③本身学习动力不足。面对日益激烈的社会竞争压力，大学生着实应从现在做起，培养自己的自学能力，不断完善自我，在大学阶段养成善于自学的习惯。

自学能力的培养途径如下。

首先，应该摆正自己的心态。进入大学，面对着人生的重大转折，大学生活的主要特点表现在：生活上要高度自理，管理上要严格自治，思想上要经常自我教育，学习上要充分自觉。尤其是在学习的内容、方法和要求上，比起中学的学习发生了很大的变化。要想真正学到知识和本领，除了继续发扬勤奋刻苦的学习精神外，还要适应大学的教学规律，掌握大学的学习特点，选择适合自己的学习方法。大学的学习不仅要掌握比较深厚的专业知识，还要重视各种能力的培养。未来社会是需要团队精神的社会，除了要有传统意义上的听说读写的能力外，还要具备一定的与人沟通交流和团队协作的能力。此外，大学教育还具有明显的职业定向性，这就要求大学除了扎实掌握书本知识之外，还要培养研究和解决问题的能力。要特别注意自学能力的培养，学会独立地支配学习时间，自觉、主动、自主地学习。注意思维能力、创造能力、组织管理能力、表达能力的培养，为将来适应社会工作打下良好的基础。如何度过大学的四年将成为每个学生都要面对的问题。对于这个问题的不同认识和态度势必将影响到四年之后每个学生的大相径庭的人生之路。有些学生往往还停留在中学的学习、生活模式之中。中学生在学习知识时更多的是要求"记住"知识，而大学生就应当要求自己"理解"知识并善于提出问题，最终还要将所学的知识付诸实践。对于所学的每一个知识点，我们都应当适当地多问上几个"为什么"。事实上，很多问题都有不同的思路或观察角度，而且往往对事物的思索的过程比事物本身更为重要。在学习知识或解决问题的过程中，不要总是死守一种思维模式，要学会多角度看待问题。只有这样，学生潜在的思考能力、创造能力和学习能力才能被真正激发出来。

其次，应该充分利用图书馆和互联网。自学并非闭门造车，而应该充分利用一切可以利用的条件。"21世纪人才"已经成了一个国际化的概念，现在我们已经进入了信息时代，只有掌握最先进的工具，才可以掌握最先进的知识。互联网已经在相当程度上取代了传统的图书馆功能。因此，大学生一定要学会运用网络工具，借助搜索引擎在网络上查找各类信息，寻找书籍和文献，互联网作为一个信息汇集的工具，大学生都应能熟练地使用计算机、互联网、办公软件和搜索引擎，都应能熟练地在网上浏览信息和查找专业知识，以便接触更广泛的知识和研究成果。读书时，应尽量多读一些英文原版教材。如果觉得不够的话，可以学习一些外国名牌大学的开放式课程。

再次，加强实践锻炼。社团是微观的社会，参与学校的各种社团是步入社会前最好的磨炼。在社团中，可以培养团队合作的能力和领导才能，也可以发挥专业特长。更重要的是，可以做一个诚心诚意的服务者和志愿者，在担任学生工作时主动扮演同学和老师之间沟通桥梁的角色，并以此锻炼自己的沟通能力。把握在大学时学习人际交往的机会，因为大学社团里的人际交往是一种不用以昂贵的代价作为"学费"的学习，同学和老师都会一定程度上允许我们犯错误，我们有更多机会去展现自我、发展自我。另外，大学生还应该开始有意识地培养自己的专业兴趣和人生志趣。寻找兴趣点的方法是开阔自己的视野，接触众多的领域。大学生充分利用学校的资源，通过使用图书馆资源，更好地把握在校时间，多参加讲座、打工、参加社团活动、与朋友交流、使用电子邮件和电子论坛等不同方式接触更多的领域、更多的工作类型和更多的专家学者。也许，一个小小的机缘，就会为你留下一段一生难忘的历程。

最后，学习为人处世。自学能力不仅仅包括学习书本知识的能力，也包括学习社会知识的能力。马克思认为，个人劳动能力的全面发展，不仅要有良好的科学文化素质、身体素质、思想道德素质，而且还要有妥善处理人际关系和适应社会变化的能力；个人的才能获得及充分多方面的发展，做到人尽其才，各显其能，社会要提供个人能力充分发展的环境。进入大学阶段，学生就开始了一个角色的转变，从依赖家长、老师的中学生开始学习进入成人社会，在大学四年，大学生开始有了许多中学时期所不具有的自由和自主的权力，很多事情可以自己作决定，但是同时也要开始为自己的行为负责。

（三）提高素质，全面发展，塑造健康心理

1. 当代社会对大学生的素质要求

当代大学生充满朝气与活力，作为一个时代的知识分子群，担负着中华民族伟大复兴的重任，是社会发展的主要动力和后备军，是祖国的未来，将会成为推动社会发展的主要力量。当代大学生整体素质的高低直接决定了一个民族的发展情况，决定着中华民族伟大复兴的共同理想能否实现。所以，我们对大学生提出整体素质要求有着重大意义和必要性。

随着我国经济的不断发展和科技的不断进步，尤其是在我国加入世界贸易组织之后，国家对人才的选择和录用更为严格，考察也更加充分。全面推进素质教育，大力提高大学生的素质，培养具有创新精神和实践能力的优秀人才，使学生在德智体美劳等方面全面发展，既是全面推进我国现代化事业的必然选择，也是高等院校人才培养的一项紧迫任务。

素质是指一个人在后天通过环境影响和教育训练所获得的稳定的、长期发挥作用的基本品质。一般认为，人的素质包括政治思想素质、科学文化素质、心理品格素质和身体素质四大方面。身体素质是物质基础，科学文化素质是核心，心理品格素质是关键，政治思想素质是主导。一个人素质的高低，就是这几个方面综合水平的衡量。那么作为大学生，应具备怎样的素质呢？从以下几个方面来讨论大学生的素质问题。

（1）政治思想道德素质

政治思想道德素质，从根本上讲，就是一个人的政治态度、思想道德水准和社会责任感，就是把自己的事业与祖国的前途、人类的文明、社会的进步融为一体的品格。在建立市场经济过程中，拥有"祖国的利益高于一切"和"国家兴亡，匹夫有责"的政治品格显得尤为重要。政治、思想、道德素质是人生发展的原动力，更是高素质大学生的基本点。

思想道德素质是大学生成才的核心，是大学生应具备的首要素质，它包括良好的思想政治素质以及良好的道德品质。青年兴则国家兴，青年强则国家强。胡锦涛曾指出，培养什么人、如何培养人，是我国社会主义教育事业发展中必须解决好的根本问题。大学生是国家宝贵的人才资源，是民族的希望、祖国的未来。要使大学生成长为中国特色社会主义事业的合格建设者和可靠接班人，不仅要大力提高他们的科学文化素质，更要大力提高他们的思想政治素质。中华文化源远流长，世界文化博大精深，一个具有良好文化素质的大学生，不管学什么专业，必须具有良好的知识结构、深厚的文化底蕴、高雅的文化气质。

思想道德素质是人的综合素质的灵魂，也是专业素质的基础，是用人单位挑选和考察毕业生的首要条件。社会要求大学生能正确处理自己和他人、个体和集体的关系；要求大学生具有良好的合作精神和奋斗拼搏精神。大学生首先要学会做人。做人是做事的基础，学会做人的最重要基础是敬业精神，并且要学会关心，要关心他人、关心集体、关心社会、关心人类。其次要与人共容、合作共处。与他人兼容、善于合作的人成功机会更大。最后要有竞争意识和进取精神，如勇敢、果断、坚持性、自制力、竞争性、冒险精神、抗挫折和耐力等。

建设社会主义现代化国家需要有大局意识、民族意识、国情意识的人才，需要有正确政绩观的人才，能够正确对待自我、对待他人、对待社会、对待自然。归根到底是需要具有良好思想政治素质和道德品质的人才。对大学生的思想道德素质教育主要应从三个方面入手，坚持进行树立为人民服务观念的教育，以促使大学生保持"不要问别人能为我做什么，要问我能为别人做什么"的良好心态，做对国家、对社会、对人民真正有用的人；坚持进行以集体主义为核心的道德素质教育，正确处理国家利益、集体利益和个人利益之间的关系；坚持爱国主义、社会主义、集体主义教育，紧跟时代要求，牢固确立当代大学生的历史责任感，使建设中国特色社会主义的意识深深扎根在大学生头脑中，成为他们的自觉意识和行动。

（2）科学文化素质

知识是一种资本，是发展经济的生产要素中最重要的组成部分。这就是说知识素质在知识经济时代具有极端重要性。在现代科学技术突飞猛进、生产的发展越来越多地依靠人的智力和知识的今天，劳动者科学文化素质的提高，对生产的发展、社会的进步有着决定性的影响。

首先，要有广博精深的知识储备。现代社会对大学生的文化素质、知识结构的要求愈来愈多，对知识技能共性的要求愈来愈多，不仅要具备深厚扎实的基础知识，还必须具有广博精深的专业知识和大容量的新知识储备，要求从业者的知识程度高、内容新、实用性强。

其次，要建立合理的知识结构。要建立合理的知识结构就是要做到围绕自己选择的就业目标，对自己所掌握的知识进行合理组合、恰当调配，形成知识系统。

最后，要有更新知识的能力。更新知识的能力即持续学习、终身学习的能力。

（3）心理品格素质

在社会急剧变革的今天，多种思想文化的激荡、新旧价值观念的冲突、激烈的竞争、物质生活的悬殊、社会生活和经济生活的不协调等，无不冲击着青年学生的心灵，引起了部分学生认知失调、心理失衡和行为失范。这都影响了大学生的学习、生活和工作。因而大学生必须加强心性修养，提高心理素质，要能正确评价自我，胸襟开阔、豁达大度、积极乐观；要正确对待挫折，克服期望值过高的心理，培养坚韧不拔的毅力；要克服自卑感，增强自信心，培养心理调适能力，以良好的心理素质去迎接挑战。

（4）身体素质

在当今社会，大学生的身体素质不仅关系到个人的健康发展，还直接影响着社会的人力资源质量和未来的社会发展。现代社会的快速发展和生活节奏的加快，对大学生的身体和心理素质提出了更高的要求。当代社会对大学生身体素质的要求主要体现在身体健康、有锻炼的习惯和有健康意识几个方面。此外，在关注大学生身体素质的同时，也不能忽视心理和社会适应能力的培养。身心健康是相辅相成的，只有在心理和身体都健康的基础上，大学生才能更好地适应社会的需求，实现个人价值。因此，大学生应当努力提升自己的身体素质，同时关注心理健康，培养健全的人格，保持身心的全面发展。

总的来说，社会对大学生的身体素质要求是全面的，不仅仅是身体上的健康，还包括心理上的健康和良好的社会适应能力。大学生应当意识到健康的重要性，积极参与体育锻炼，保持良好的生活习惯，同时注重心理健康的维护，以适应社会的发展需求。

2.要养成诚实守信的品格

诚实，即忠诚老实，就是忠实于事物的本来面貌，不隐瞒自己的真实思想，不掩饰自己的真实感情，不说谎，不作假，不为不可告人的目的而欺瞒别人。守信，就是讲信用、讲信誉、信守承诺，忠实于自己承担的义务，答应别人的事一定要去做。忠诚履行自己承担的义务是每一个现代公民应有的职业品质。

诚实守信自古以来就是国人"修身、齐家、治国、平天下"的根本，是个人与社会、个人与个人之间相互关系的基础性道德规范。它既是中华民族的传统美德，也是规范和完善市场经济的前提条件。诚实守信是中华民族的传统美德。五千年源远流长的文化，孕育了中华民族这样一个诚实守信的优秀民族。古往今来，佳句数不胜数，诸如"人无信不立""言必信，行必果"等一直流传至今，深深地影响了一代又一代人的成长，同时也对中华民族的发展起了重要的作用。

（1）诚实守信缺失的主要表现及原因

诚实守信是处理个人与社会、个人与个人之间相互关系的基础道德规范，是发展社会主义市场经济的基础行为规范，是社会主义事业的建设者和接班人的基本素质要求。当今社会呼唤诚信，诚信建设已经成为时代的热门话题。高校作为人才的摇篮，特定的职能不允许其把诚信教育的任务推向社会。然而，很多高校却普遍存在着下列现象：许多大学生对诚实、守信、履约等诚信道德的基本范畴讲起来头头是道，对社会上的种种诚信缺失现象更是口诛笔伐，但在自己的行动中却不守诚信。比如考试作弊、恶意拖欠学费、助学贷款赖账不还、捏造虚假履历、随意毁约等。

（2）提高大学生诚实守信的措施

对大学生进行诚信教育是一项系统工程，需要社会、学校、家庭相互配合，增强大学生的诚信意识。

一是加强宣传教育，营造有利于大学生诚信理念形成的外部环境。首先，从社会的角度，要进一步完善市场竞争机制，为诚信的确立创造良好的体制环境。诚信是市场经济整体的有机组成部分，没有诚信就没有健全、发达的市场经济。要让诚信成为人们自觉遵守的客观经济规律，最关键的因素是形成健全的市场竞争机制，有了健全的竞争机制，不诚信行为必将遭到惩罚，而且要为此付出沉重的代价。因此，我们要积极推进社会主义市场经济体制改革，进一步完善市场竞争机制。还要在全社会范围内建立起一整套以诚信为核心的符合社会主义市场经济要求的伦理道德体系。道德是一种无形的力量，在抑恶扬善中能起到潜移默化的作用。只有当诚实守信内化为人们的自觉意识时，守信才能成为自觉的行为；只有当诚实守信成为一种社会风气时，失信行为才会受到强烈的公众谴责，失信者就会付出极高的道德成本。要真正树立诚信的道德规范，必须切实按照江泽民以"以德治国"的方针，积极推进公民道德建设，从整体上提升社会的道德水平。既要吸收中外文化积淀中的合理因素，又要结合中国现阶段的社会发展水平；既要把国家、集体利益放在首位，又要充分尊重个人的正当权益；既要提倡竞争意识，又要发扬协作精神；既要肯定和允许追求个人和局部利益，又要强调社会责任和全局利益，形成一套符合实际的社会道德评价标准。

其次，从学校的角度，要加强宣传教育，营造大学生诚信理念形成的舆论氛围。高校要通过广泛的诚信教育、宣传活动，认真坚持实事求是的思想路线，倡导言行一致、有信无欺的道德情操。在日常生活中，注重道德教化，强调舆论监督，提高失信行为的道德成本。大学阶段是大学生世界观、人生观、价值观形成的重要时期，当代大学生不仅要学好文化知识，更要学会如何做人。因此，高校要结合公民道德建设、考风建设，通过网络、校报、广播站、海报、标语等宣传形式，积极开展以诚信"做人、做事、做学问"为主题的演讲、辩论、征文系列活动。抨击、谴责、处罚考试作弊、求职作假、不按时还贷等弄虚作假、不守信用的现象，让学生从中认识、反省、辨别自己的行为是非，从根本上改变老实人吃亏的现象，营造"讲诚信光荣、不讲诚信可耻；讲诚信得益，不讲诚信不得益"的校园氛围，让他们体会到讲诚信不仅是正确的，而且是符合其自身利益的，使大学生的诚信品质在潜移默化中达到从他律向自律的转变。

二是完善各项规章制度，使他律更好地发挥作用。高校在各项规章制度的制定、完善和执行过程中，既要强调制度的严肃性，使制度起到惩戒的作用，督促甚至迫使诚信缺失的大学生去约束自己的不诚信行为，使他们不敢有不诚信行为，把可能出现的不诚信问题制止在萌芽状态，逐渐强化他们的诚信意识，又要强调制度的合理性，执行制度不能简单化。因此，高校在制度的制定、完善过程中，一定要充分发挥教师和学生的主体性作用，广泛征求师生的意见和建议，制定出师生能够真正认同的规章制度。同时，要加强制度的宣传，使大学生对学校的管理和规章制度有一个全方位的认识，促使诚信内化为大学生的自觉行为，对有失信行为的大学生要根据有关制度对其进行惩罚，甚至把不遵守学校制度的害群之马开除学籍。只有这样，才能使失信者得不到任何益处，而且会为此付出高昂的代价。

三是建立完善的大学生信用管理体系。诚信道德的形成仅仅靠宣传教育、规章制度是不够的，还必须有完善的信用管理体系作保证。因此，高校应尽快建立大学生信用管理体系，规范信用信息的管理、传递和披露机制。对大学生在校期间的个人基本情况、品行说明、学习态度、学习成绩、日常行为以及奖惩等各种信用状况都应进行跟踪记录。要通过建立健全大学生信用管理体系，进一步完善大学生信用信息的传递和披露机制，增强大学生诚信状况的透明度。大学生的信用档案不仅是高校作为其入党、保送研究生、评优奖先、发放贷款的重要依据，而且也是用人单位是否聘用、是否让其参与社会经济活动的重要依据。

四是加强学校与家长的沟通，实现家长与学校的良性互动。对学生进行诚信教育，离不开家长的配合。因此，学校应协调与家长的关系，使双方及时掌握学生的思想动态，共同营造诚信环境，指导、监督学生的诚信活动，帮助学生形成良好的诚信道德品质。

二、大学生职业适应

（一）完成角色转变，成功走向社会

大学生完成学业，在选择了自己理想的职业方向之后，开始步入社会。这对他们来说，无疑是人生的一大转折，如何尽快调整心态，顺利完成从大学生到工作者的社会角色转换，是摆在毕业生面前的关键问题。

1.角色转换与角色认知

从大学生步入社会的这一刻起，其自身的社会属性就变得更加明显，相应地，其社会角色也发生了变化。所谓的社会角色是指人们所处的特定社会地位和身份所决定的一套规范系列和行为模式，是人们对其特定地位的人的行为的一种期望，是社会群体的基础。它随着社会实践的发展而不断更新内容。[①]

社会角色由角色权利、角色义务和角色规范三要素组成。学生角色与职业角色的不同点，一是受教育，掌握本领，接受经济供给和资助，逐步

---

①杨薇.大数据背景下高校大学生就业指导工作开展策略研究[J].创新创业理论研究与实践,2022,5(08):63-65.

完善自己；二是用已掌握的本领，通过具体工作为社会付出，独立作业，为自己的行为承担责任。

2.顺利完成角色转变所应该具备的品质

大学生成为一个社会人必然要经过一个漫长的转变过程，其中既包含了身体上的变化，同时更包含了心智上以及思想上的成熟。而在促使这些变化发生的因素中，知识的准备以及内在心理的成熟显得尤为重要。

（1）知识能力准备

机遇总是垂青有准备的人，一个人文化素质和综合知识能力如何，将决定他在步入社会后的自由选择职业的程度以及选择岗位的层次。因此，大学生应该自觉地把大学生活同求职择业乃至将来的职业生活紧密联系在一起，努力做好知识、能力、素质等方面的准备。

一是建立合理的知识结构。知识是人们在改造世界的实践过程中所取得的认识和经验的总结。它反映着客观世界各个领域物质运动和社会发展的规律，是人类改造自然、改造社会、争取自由的有力武器。知识结构则是指一个人所拥有的知识体系的构成情况与结合方式。它是一个由诸多要素组合而成的有序列、有层次的整体信息系统。合理的知识结构是良好文化素质的基础，它是与知识程度两者有机结合形成的一个人的文化素质。当今世界，各种知识浩如烟海，各门学科交叉渗透，科学技术的发展突飞猛进。现代职业所欢迎的是这样的求职者，他们拥有较高的知识程度，并能根据社会的发展和所选职业的具体要求，将自己的知识科学地组合以形成合理的结构。面临求职择业的大学毕业生以及在校学生，应该充分认识知识结构在选择职业和就业中的重要作用，根据社会的需要塑造自己，既要注意用丰富的知识来充实自己，又要注意建立自己合理的知识结构。

二是培养科学的思维方式。思维是人脑对客观事物间接和概括的反映。思维能力是人的能力结构的核心，是各种能力中最重要的一种能力。一个人的思维能力取决于他的智力水平，但在更大程度上取决于他的思维方式。因此，大学生应当重视培养自己科学的思维方式。

三是培养较强的实践能力。大学毕业生无疑具有了相当的知识积累，但并不等于有了较强的实践能力。大学毕业生的求职竞争说到底是知识与能力的竞争。在各地竞争激烈的就业市场中，我们经常看到这样的情形，在同等学历的毕业生中，多一种外语能力或多一种计算机能力，多一种写作能力或多一种公关能力，都会引起招聘单位的特殊兴趣。可以这么说，拥有社会所需要的专业知识，又具有多种较强能力的毕业生是用人单位感兴趣的。但是知识并不能简单地与能力画等号。如果让自己的头脑成为一座单纯的知识仓库，而不注意在理解、掌握和运用知识过程中自觉锻炼、发展能力、开发智力，那么知识将会变得无用。

四是着眼于综合素质的提高。知识、能力、素质是大学生社会化和成熟的三个要素。知识是素质形成和提高的基础，能力是素质的一种外在表现，没有相应的知识武装和能力展示，不可能内化和升华为更高的心理品格。但知识和能力往往只可以解决如何做事，而提高素质可以解决如何做人。高素质的人才应该将做事与做人有机地结合，即把养成健全的人格放在第一位。一名优秀的大学毕业生应把建立合理的知识结构、培养科学的思维方式、锻炼较强的实践能力和提高全面的综合素质统一起来，这样才能在择业、从业过程中立于不败之地。

（2）心理准备及心理调适

第一，大学生应具备良好的心理素质。走向社会是大学生人生道路上的一次重大的转变，将会遇到比以往任何时候都要严肃的课题、复杂的矛盾和深深的困惑，每个人都要接受心理素质的检验。因此，大学生了解心理素质的有关问题，进而培养自己良好的心理素质，对自身的健康成长和顺利迈向社会，都是非常必要的。

第二，走入社会常见的心理问题分析。面对即将步入的社会，大学生的心理是复杂而多变的。从积极的方面看，主要表现是：①通过几年大学生活，在知识、能力与人格方面有了积极的显著的发展。②有着强烈的就业意愿和积极的就业动机，为能尽快实现自己的抱负而高兴。大学生毕业时都为自己即将走向社会，将自己所学的知识与本领奉献给社会，实现自己的人生价值而感到由衷的欢欣。③为能赶上就业制度的深入改革而庆幸。但是在大学生转变其角色进入社会的时候难免出现种种心理矛盾、心理误区和心理障碍。

第三，需要适应期心理问题的自我调适。大学生在步入社会时，不可避免地会遇到困难、挫折和冲突。这些挫折和冲突常常会引起各种心理问题。这些问题特别是其中那些心理障碍，既不利于择业，也不利于身体健康，甚至还会影响整个人生。解决大学生心理问题的根本对策，是帮助大学生学会自我调适。自我调适是指个休运用一定的原理和方法，促使自己的心理和行为获得积极改变，能够客观地分析自我与现实，有效地排除心理障碍，从而使自己保持一种稳定而积极的心态，达到成功走向社会的目的。有效引导大学生积极进行心理调适的途径有以下几种：提高大学生自我调适的自觉性，学会运用心理调节的方法进行自我调适，提供必要的社会关怀。

第四，大学生应以积极的心态面对社会。为了及时消除在进入社会的过程中的心理障碍和心理疾病，大学生不仅要学会自我调适，更要以积极的心态去面对社会。积极的心态主要包括正视现实、敢于竞争、不怕挫折、放眼未来等方面。

3.成功走向社会的几点建议

成功并不是费九牛二虎之力才能做到的事情，它不需要你有额外的禀赋、专门的学历，也不需要特殊的门第，只要你能够听取前面所阐述的众多原则，按照它指导自己，而且生活中不要失去热忱、激情。最重要的是保持一种积极健康的心态，维持一种良好的社会关系，成功自然就会到来。

既然这样，为什么还在等待、观望，不立即去行动呢？

决定成功的，不在于我们拥有了多少、获胜了几回。成功并不是以我们的占有来衡量的，它是一个过程，是一种生活方式。它更看重的，是我们是否有回报社会的诚心和能力。所以，在这个意义上，与家庭、朋友的和睦关系，健康的体魄，就和那些重大的成就一样，对于成功来说是同等重要的。

　　人们常常从人的收入、衣着、家居、打扮上去衡量人的成功与否，这里的原因不能不归咎于媒体的渲染，还有大家的人云亦云，从而虚构出了一套成功的准则。事实上，如果我们把财产收入、衣着容貌作为成功的衡量尺度，那我们永远无法安心、知足，因为在这些方面，永远会有别人强过我们。

　　试想，一个没有健康的身体、没有找到人生的真爱、生活没有更高目标、不能赢得别人尊重的人，即使有大笔的财富，又有什么意义？在生活中，我们可以看到，很多有钱人并不快乐。通往成功的金钥匙并不在外界，而在我们的内心，在日常生活的点滴中。

　　在追求成功的道路上，并没有真正的胜利者和失败者。这里，胜利和失败已经不能用通常的意义去衡量。固然，人天赋有高低，术业有专攻，别人能做到的，可能我们未必能够圆满完成，但这并不意味着我们就被拒于成功之外。只要付出努力，无论结果如何，都可以说是胜利者。失败者，只是那些不敢尝试的人。对于即将步入社会的大学生，如果你想获得事业上的成功，使自己成为某个行业中的佼佼者，就应该善于计划自己的生活，设计好自己的职业生涯。大学生毕业时面临多重选择，是继续求学还是出国深造还是先找工作等，这一系列选择也会或多或少地影响其职业生涯历程。

　　对于大学生成功走向社会，这里总结几条建议。

　　第一，成功取决于生活是否有某种目的、有某种使命。所有伟大的人物，他们都有一种目的感，而且为它而努力。他们抱负远大、目标集中，这是他们成功的关键。大学生如果希望获得成功，那么也必须以他们为榜样。不要他人为自己确定生活的目的，而要自己去寻找。精神振作，踏上征途，运用自己想象的力量，发现生活的意义。

　　第二，成功者的人生必定不乏激情。他们正是因为厌倦了每天的例行公事，才去追求更符合理想的生活，而要跨过从思想到行动之间的藩篱，没有激情是办不到的。激情只能从人们内心产生，只有在激情的驱使下，人们才可能丝毫不受干扰地走向他们所希望的人生。一切阻碍都不能阻挡他们，即使遭遇暂时的挫折，他们依然毫不气馁、无所畏惧。激情可以使人们始终着眼于未来，为人们提供前进的动力。因为它的存在，我们才有了活力；因为它的存在，我们的血液才继续沸腾。它使我们不会被暂时的困难吓倒，而是把全部的精力都用来寻找克服困难的途径。

第三，思想既是我们创造梦想，也是我们实现梦想的力量所在。它的威力无边无际，不可阻挡。无论你眼中的成功意味着什么，思想都是你到达目的的最有效的工具。

第四，必要的时间和精力的付出。人们如果希望在某个领域、某项事业上获得成功，就必须投入时间和精力，从而使自己在这些方面的技能得到进一步的发展。除此以外，要获得成功是没有可能的。有许多天性懒惰的人，他们不愿意有任何付出，只想坐享其成。成功必须通过不断学习、不断提高才可能达到。

第五，倾听他人的意见，观察他人的言行，从他人成功或者失败的教训中学习。这些都是通往成功的捷径。对周围世界发生的一切经常保持关注，多和有智慧的人交往，能够做到这些，在成功的路上可以事半功倍。

第六，多阅读，不必给自己规定范围。例如阅读和自己所从事领域相关的书籍、理财宝典、哲学著作、文学经典等，凡是一切可以让自己更趋完善的阅读都是适宜的。

第七，最重要的，还是从自己的经历中学习。要有意识地对自己所经历的事件进行总结，即便那些结果是负面的经历，也往往能让自己从中汲取有益的教训，至少可以避免再次犯同样的错误。

（二）主动适应职业生活，建立和谐的人际关系

1.毕业生应主动适应社会生活

适应社会是指个体在社会认知和社会生活的基础上，不断调整和改变自己的观念、态度、习惯、行为等，以适应社会的要求和变化。社会生活中的任何个体，只有经过对复杂的社会环境、社会文化和社会规范的观察、认知、模仿、认同、内化等一系列的学习和实践过程，才能达到对社

会能动的适应。适应的实质，就是个体由自然人向社会人的转化。

大学生在完成了学业步入社会时，常常会感觉到自身与社会之间存在着一些矛盾，主要包括主观愿望与客观实际的矛盾、学生习惯行为与社会角色要求的矛盾、学校教育与社会现实的矛盾、社会需要与自身素质的矛盾。以上这些矛盾导致大学生对社会、对工作的不适应。在这些矛盾和困惑面前，是面对现实、不怕挫折、积极适应，还是逃避现实、一蹶不振、消极退缩，这是大学生踏上工作岗位后首先应该思考的问题。积极的态度应该是调整方向、把握自我，做生活的强者。只有积极适应社会，才能在为社会奉献的同时实现自己的人生价值。

（1）在思想观念上要正确认识和对待社会环境

特别需要正确认识和解决如下三个方面矛盾：

第一，主要表现为生活方式、文化氛围、行为规范与自然环境的矛盾。

第二，正确认识社会现实。例如，我国目前仍处于社会主义初级阶段，因而生产力发展水平和科技、文化教育水平依然落后；经济发展的不平衡性和行业、单位发展的不均衡，使竞争日趋激烈，无"铁饭碗"可捧；多种价值观念、价值取向并存，腐败现象和不正之风的存在，必然给毕业生的人生价值观念和政治信念带来挑战和冲击等。

第三，正确认识和解决个人与社会的矛盾。这种矛盾又具体表现为主观愿望和客观实际的矛盾、学校教育与社会现实的矛盾、社会需要与自我完善的矛盾、成家与立业的矛盾、人生追求与社会发展现实的矛盾等。通过正确认识以上几个方面的矛盾，克服各种心理偏差和错误观念，努力按照所从事工作的职业责任和行为规范来要求自己。

（2）在行动上要主动适应并积极改造社会环境

毕业生走上工作岗位以后，必须注意如下几点：

第一，努力塑造良好的第一印象。第一印象是某种客观事物首次作用于人的感官，在人的头脑中产生的对事物整体的反映，包括事物的外观形状、行为特点、价值评判等。人对客观事物包括对他人的认识，是一个以直觉为主体的认识过程，第一印象在人与人相互认识和交往中的作用是十分重要的，主要表现为前摄作用、光环作用、定式作用。

第二，建立和谐的人际关系。对于刚刚走上工作岗位的大学生来说，建立和谐的人际关系的意义在于以下几个方面：①可以尽快消除陌生感，适应人际环境。②可以使工作顺心、生活愉快。③可以保持心情舒畅、心理健康。④可以增进团结、有利集体。

第三，敬业爱岗，乐于奉献。大学生在面对工作的时候，应持认真负责的态度，热爱自己的岗位，严肃对待自己的事业。毕业后大学生的个人工作成绩好坏，不仅和自己的前途密切联系，而且也和单位、部门的发展密切相关。这就要求大学生树立主人翁意识，以单位、部门的兴衰为荣辱，乐于助人，甘于奉献。

改革开放以来，经济快速发展，社会全面进步，社会精神风貌的主流是好的。但应该看到，随着改革开放和社会主义市场经济的不断发展，人们的思想观念、生活方式和价值取向发生了深刻变化。在这个过程中，职业道德领域也出现了一些不明是非、不辨善恶、不分美丑的现象，严重败坏了社会风气。所以，在物质生活日益丰富的今天，精神文明建设显得更加重要。爱岗敬业是为人民服务和集体主义精神的具体体现，是社会主义职业道德一切基本规范的基础和核心。爱岗就是热爱自己的工作岗位，热爱本职工作，是指职业工作者以正确的态度对待各种职业劳动，努力培养热爱自己所从事的工作的幸福感、荣誉感。敬业，就是用一种严肃的态度对待自己的工作，勤勤恳恳、兢兢业业、忠于职守、尽职尽责。

第四，熟悉业务，掌握技能。初到工作岗位，大学毕业生对自己所要从事的工作的基本情况还不了解，需要不断学习，虚心求教，勤于思考，善于总结，尽快熟悉并掌握有关的业务知识。信息网络化为管理规范化、科学化、工作效率大幅度提高提供了有利条件。大学毕业生应尽快学习掌握工作网络的知识，适应信息化管理。同时，应发挥大学生自身学习能力强的优势，尽快掌握专业技能，更好、更出色地完成工作。

第五，依靠集体，独立工作。团队精神是团队的成员为了团队的利益和目标而相互协作、尽心尽力的意愿和作风，是将个体利益与整体利益相统一，从而实现组织高效率运作的理想工作状态，是高绩效团队中的灵魂，是成功团队身上难以模仿的特质。在工作中，不管人多人少，只有在组织中通过一定的分工协作才可以顺利完成各项任务。这自然包括同事与同事之间的关系。如果一个人不懂得在团队中与同事同舟共济，而是总让团队为他个人费心思进行协调，那么，不管他的能力如何强，也会成为整个团队的绊脚石。从某种意义上说，学生在校学习是一种单纯的个体劳动。随着科技的高速发展，社会分工越来越细，部门与部门之间、个人和个人之间的协作关系日益密切。因此，刚刚步入社会的大学毕业生，要懂得依靠集体的力量，要具有团队精神和协作意识。切勿片面强调个人作用，要从集体利益出发，顾全大局。同时，在工作中，大学生要承担一定的社会责任，有些任务需要独立完成，人们逐渐把学生作为一个独立的社会人对待，这些客观的要求都需要大学生强化自己独立工作的意识。

第六，善于学习，提高素质。适应社会的过程，是一个循序渐进、呈螺旋式上升的过程，需要不断学习、不断适应。适应工作的需求，需要不断学习。科学技术的迅猛发展，加快了知识更新的步伐。大学生要把握时代的脉搏，就必须不断更新知识、开阔视野、推陈出新。与此同时，除了不断加深巩固自身的业务素质之外，也要积极拓展自己其他方面的素质，做一个高素质、全面发展的人。

第七，积极进取，开拓创新。人类文明的历史，是一部由学习走向创造、由创造实现进步和发展的历史。在科技高度发达的今天，创新能力更显得至关重要。创新是创造，是发展，是进化。创新是一种态度，是一种精神，创新成就未来。大学生要发挥自己的创新精神，为单位、部门作出贡献。

（3）调整心理状态，主动适应社会

即将走出"象牙塔"，走上工作岗位，要实现由一名学生到一名"社会人"的转变，大学生必须调整心态，树立积极正确的观念，才能尽快适应社会，有所作为。

第一，客观全面评价自己。大学毕业生大都自视较高，在走出校门之前，大都有"天高任鸟飞，海阔凭鱼跃"，开创一番事业的远大抱负，但他们对社会生活的估计往往失之于简单或片面，他们的理想目标不是建立在客观条件之上。一旦遭遇挫折，很容易产生不安或不满情绪，失去竞争的勇气。其实，社会是一个万花筒，其中既有好的、有利于人发展的一面，又有不好的、不利于人发展的一面，作为大学生，只有正视现实、接纳现实，正确地了解、认识自己，恰当地评价自己，将主观愿望与客观实际结合起来，才能站稳脚跟，找到改造世界、创造业绩的切入点。

第二，主动调整生活节奏。结束了"宿舍—教室—图书馆"三点一线的学校生活，来到了一个生活节奏全然不同的新环境，只有主动调整自己的生活节奏，才能尽快适应新环境。首先，作息时间的变化要适应。其次，由于南北方的生活习性、饮食结构、风土人情等的差别，还要学会调整原来的生活习惯，培养新的生活习惯，顺利度过异地生活关。最后，要学会安排自己的业余生活。在学校里课余有作业，晚间有自习，周末有丰富的文化活动。参加工作以后，业余时间的学习和文化生活，主要靠自己来支配、安排，不善于支配自己的业余生活，同样很难适应新环境。这就对大学生提出了挑战，所以大学生平时就应该注重自立能力的培养，注重这方面素质的提高。

第三，了解环境，进入角色。社会好比一个大舞台，每个人都有自己的角色位置。毕业生进入新单位后，首先应该认清自己在工作环境中所承担的工作角色以及这个角色的性质、职责范围，弄清楚工作关系中上级赋予自己的职权和自己承担的义务。只有这样，才能尽心尽力地去扮演好自己的角色。如果角色意识淡薄，一意孤行，我行我素，该请示的擅作主张，该自己处理的事务不敢作主或推给上司、同事，势必会与新环境格格不入。

第四，完善自己知识结构。任何一个毕业生不可能在学校就学到工作岗位上所需要的全部知识，这是因为学校培养的是专门人才，而实际工作中碰到的问题往往是综合性的，涉及跨学科、多领域的知识。你是学工的，领导要你写一篇新闻报道或调查报告，动起笔来你会感到很吃力；你是学新闻的，到工厂、科研单位采访，会因自然科学知识贫乏、科技专业术语不通而力不从心。社会需要的是"通才""复合型人才"，要使自己胜任工作、适应新环境，必须不断根据工作需要学习新知识，完善自己的知识结构。总之，走向社会的大学毕业生必须明白，社会不会再像家长和老师一样，欣赏你的天真清纯。社会将会关心但不会迁就你这样一个年轻的新成员，社会要求你遵守规则，社会期望你劳动、贡献。社会与自然一样奉行一条法则——适者生存。

2.建立和谐的人际关系

人际交往是一门艺术，并且它可能比其他有些技术还要复杂。它要求精心策划、具体实施及随时评价才会长期有效。最有效的交往是多维的，它们也有自己的生命，并在不知不觉之中对你的工作作出很大的贡献。像一个内在联系的网络一样，一个充满活力的互联网会在具有很大潜在数目的实体间建立一种有意或无意的联系。它们不受地域、职业、工种或企业所限。一个真正有效的互联网会不断发展，为它的发起者带来无尽的收益。

每个步入新工作岗位的人，都希望尽早地与陌生的同事融洽相处、团结互助。他们深知，与新同事建立一种美好和谐的人际关系，不仅有益于工作水平的提高，还会令人心情愉快舒畅。

人际关系是人与人之间心理上的关系和距离，是以一定的群体为背景，在互相交往的基础上，通过认识调节、感情体验、行为交往等手段形成的，是人们长期交往的结果。人际关系既可以表现为个体与个体之间、个体与团体之间的交往，也可以表现为团体与团体之间的交往。人际关系是社会关系的一部分，也有人称之为社会关系的一个"截面"。社会关系分为两部分：一部分是人与人之间彼此为得到物质需要与精神需要的满足而产生的心理关系。在交往中，需要得到满足时，则产生友好、亲近的关系；得不到满足时，则产生疏远、厌恶的关系，这就是人际关系。另一部分是人与人之间的生产关系。在阶级社会中，这种生产关系便表现为阶级关系，自然也制约着人的心理关系。我们既不能脱离生产关系、阶级关系，抽象地去研究人际关系，把人际关系看成决定人的行为的本质的东西，也不能忽视人际关系的地位和作用。

形成人际关系的心理因素主要有认知因素、情感因素和行为因素。认知因素是指个体对人际关系状况的了解，是人际知觉的结果。情感因素是指交往双方彼此在情感上的好恶程度及对交往现状的满意程度。行为因素是指具体的人际交往行为。要想增强人际关系，必须设法加深人们相互间的情感联系。人与人的关系的密切程度，主要受时空接近程度、交往频繁程度、个性相容程度、态度相似程度、需求互补程度等因素的影响。

社会精神文明建设为人们建立良好的人际关系奠定了基础。改革开放的深入和扩大，社会主义市场经济体制的不断完善，互联网的迅速普及和广泛应用，知识经济时代的到来，这些都呼唤着人与人的相容与合作，促使人们的交往进一步扩大，这为大学生建立良好的人际关系提供了有利条件。大学生要利用这些有利条件，更要靠自身的努力去建立和谐的人际关系。大学生到新的工作岗位后，人际关系横向的主要是同事之间的合作关系，纵向的主要是与领导的上下级关系。

（1）与同事之间的关系是合作为主、竞争为辅

第一，谦逊是金，不要炫耀自己的过去。谨言慎行，泛泛地了解同事的简历，较多地了解工作程序，时刻牢记"三人行，必有我师"，适时求教，虚心求教。至于自己，可在以后的交往中让同事逐步了解。同时，不要过多地提及自己过去的成就。不要总是沉浸在过去的光环中，要把眼光放在当下，踏踏实实。这样，会给新同事留下一个沉稳谦逊的第一印象。

第二，热心助人，勿见利忘义。在现实的工作中应该主动帮助正在忙碌的同事做些力所能及的工作。如果插不上手，则可以静下心读些业务书籍、资料。这样可以获得大多数同事的好感，认为你是个既有眼色又乐于助人的人。那些曾被你帮助的同事亦会心存感激，在你今后的工作中也必会伸出援助之手。正所谓患难见真情。同事间的相互帮助，既可以锦上添花，更应该雪中送炭。只有热心帮助他人的人才会得到别人的帮助，才会于无形中赢得别人的好感。要淡泊名利，不要为了蝇头小利而做有损人格的事。

第三，待人有礼，主动随和。对同事要待之以礼，一般的公司都以金字塔形的组织形态来表明上下的职责和分配工作的范围。但是在我国的传统文化影响下，在单位还有年纪大小之分，不论其职务是什么，年纪较轻的人，一定要尊敬年纪较长的人，这也可说是东方人敬老的一种传统美德。

在年龄问题上，也应该好好留心一下。公司内的职员有的是大学毕业，有的是专科毕业，有的则是高中、高职毕业，所以学历不一样，会造成年纪虽小，但在工作上却已经成为他人上司的情况。像这种年龄虽小却必须指点后进且年纪较长的职员，为了工作上的需要是一定要指点他们，但在言辞上应该尽量客气、婉转一些才好。老职员大多有丰富的工作经验，也不要忘了以前辈之礼待他们。

尤其在历史较久的公司，往往有元老级同事，元老的资格是不容易得到的，他工作的年限长，担当的职务高，在公司中始终是众心所寄托的人物。元老的工作经验比他人丰富，在这个公司中，他更是一部"活"的历史，一切过程他知之最详，往事历历如数家珍。某事如何成，某事如何败，此中曲折无不明晰，而一种事业的演变，及如何演变成功以至于有现在的局面，以后的形势如何，依据他们的经验也可以预知。元老不但是一部"活"的历史，也是今后工作的有力指导。

第四，对待工作认真，公私分明。我们都应该抱着认真负责的态度，先公后私，把工作做好。这是我们做人的最高原则、最重要的操守。因此，对于某一个同事，如果私下里有什么不愉快或冲突，无论是多么不喜欢这样的人，但在公的方面，我们还应竭力和他保持良好的关系，绝不在公事上故意和他为难。相反地，要在公事上关心他、帮助他，有什么困难设法帮他，诚恳地、和谐地替他解决，同心协力把工作做好。你可以不借给他钱，可以不和他在一起消遣，但要很有涵养，和他一起工作的时候，他就是你最好的朋友。另一方面，对自己私交很好的朋友，也千万不可在公事上随便纵容他们做对公司不利的事，遇见严重的错误必须指出来加以纠正，应该利用你跟他的私交，对他加以说明、加以劝告。不可姑息一个朋友去犯错误，这样会毁了他的人格和名誉，也会失去朋友。在工作上，要做到认真负责，对各种业务非常熟悉、老练，对同事做到诚恳和善、同心协力，对自己的私生活做到严肃、纯正、朴实、健康。

第五，衡量大局，不要自己包揽功绩。工作成绩是衡量一个人工作能力的尺度，是加薪晋职的阶梯。作为新人，不能过于急功近利，不要忘记同事们的功劳。因为任何一个人功绩的取得，都与其他同事有着千丝万缕的联系，一个人生活在一个大的集体中，是社会人群中的一员，不可能脱离集体而存在。同时，新人今后路还很长，只要赢得领导和同事们的信赖，就能赢得更多的晋升机会。

第六，平等待人，不厚此薄彼。在工作单位，应当以平等的态度对待每一个同事。不要以职务的高低、工资的多少来决定对待他人的态度。不要亲近一部分人，故意疏远另一部分人。不要认为某人对自己有用就打得火热，某人暂时不用就疏远不理；不要见了领导就低头哈腰、满脸堆笑，见到群众就置之不理，甚至冷若冰霜。不要卷入是非矛盾，拉帮结派、搞小团体，而应该尽力与所有同事发展平等互助的友好关系。

第七，严于律己，宽待他人。严格要求自己，踏踏实实做事。当自己受到委屈或者误解的时候，要胸怀宽广，克制自己的情绪，冷静处理。当工作出现失误或者过错的时候，更要勇于剖析自己，主动担负责任。为人友善，宽容大度，不斤斤计较，不苛求他人，多一些谅解和理解。理解是建立感情的桥梁，是培植友谊的土壤。同事做错了事或是造成了一些失误，要善意地指出，多给些帮助，要多一些关心、少一些指责。不可否认，尽管在社会主义社会中，人与人之间平等、友好关系得到了确认和发展，但交往中的各种矛盾仍然存在，仍有很多不和谐的地方。只要我们能正确对待，坚持以严格的规范要求自己、宽厚的态度对待别人，就一定能建立和谐的人际关系。

第八，善于与人沟通交流。沟通一般指人与人之间的信息交流过程。有些人把沟通等同于交往。其实，交往的含义比沟通广泛得多，它不仅指人与人之间的非物质性的信息交流，也包括物质的交换，还包括人与人之间通过非物质的和物质的相互作用过程所建立起来的相对稳定的关系或联系。沟通在人与人交往中起着很重要的调节作用，尤其是在大学生刚刚进入社会的时候，面对许多未知和困惑，及时有效的沟通交流能使工作更加有效，人际关系更加和谐。同时要注意谈话的方式，不要因为工作繁忙或其他原因而忽略了谈话的方式。哲人说得好，"言为心声"，语言的力量是难以估计的，谈话的态度也往往使人产生强烈的情绪上的反应。

第九，在与同事交往和工作中，要善于表现自己。这里所说的表现自己并不等于炫耀，而是指在适当的时候表现出自己的特长。孔雀可以说是最深谙表现之道的动物之一，为了赢得雌性的注意，雄孔雀张开色彩绚丽的尾屏，把自己最美丽的一面展现出来。不会表现得过火让人反感，不紧张不犹豫，把握恰当的时机。在变迁快速的职场中，仅有才能不见得就脱颖而出，即使是一个成就非凡的人，也不要等待被别人慧眼识珠，而应该像孔雀开屏一样，充分展现自己的能力和优势。孔雀并不总是张开它那美丽的屏，而只是在需要开屏的时候才开屏。孔雀开屏遵循张弛有度的原则，表现自我也要讲究艺术和技巧。

（2）对待领导的态度应该是听从指挥、服从安排，维护领导的威信

第一，要听从指挥，服从安排。一个单位或一个组织的工作运行，主要是通过下级服从上级的有效机制来完成的。要尊重上级，自觉服从上级的指挥，听从上级的工作安排，对分配给自己的任务要尽力完成。

第二，给领导留足面子，维护领导的威信。人人都要面子，领导的面子比员工的更重要，因为他时刻负责着一个单位或一个部门，需要尊重领导已经是公司里一种不用写在制度中的规则。

第三，对领导要敬而近之。公司领导总是希望企业内部上下级之间保持一种良好的、和谐的关系。但作为领导，也希望下属对他表示尊重，服从他的领导，对他的决定能够不折不扣地执行。因此，有时他乐意与下属建立一种朋友关系或讲究哥们儿义气，但决不允许超越他们之间上下级的关系，这就要求员工和领导要保持一定的间隙和距离。因为领导要考虑公司内职员的看法，要照顾每个人的情绪。

第四，善待批评。大学生由于涉世较浅，因此在刚刚工作的时候受到一些批评是很常见的。很少有领导把批评、责训别人当成自己的嗜好。既然批评，尤其是训斥就容易伤和气，因而领导在提出批评时也是要慎之又慎的。所以当大学生受到了批评，应首先检查自己，如果是自己的过错，应该勇于承担，并且在日后的实际行动中加以改正。当然，有时也会受到不公正的批评、错误的指责，会给自己造成被动。可以一方面私下耐心作些解释，另一方面，用行动证明自己，当面顶撞是最不明智的做法。

第五，善解人意，懂得换位思考。做一个善解人意的人，要时常换位思考，有助于理智而公正地处理问题，有助于吸收处理事情的办法。在工作上善解人意，会减轻主管、共事者的负担，也会为日后的工作提供帮助。

第二节　大学生就业权益的保护

一、毕业生就业权益

毕业生作为就业过程中的一个重要主体，享有多方面的权益，根据目前就业规则的有关规定，毕业生主要享有以下几个方面的权益。

（一）获取信息权

就业信息是毕业生择业成功的前提和关键，只有在充分占有信息的基础上，才能结合自身情况选择适合自身发展的用人单位。毕业生获取信息权，应包括三个方面含义。

1.信息公开（即所有用人信息向全体毕业生公开）

我国某些城市已建立高校毕业生需求登记制度，凡需录用高校毕业生的用人单位，须到该市高校毕业生就业指导中心和有关高校办理信息登记，由市高校毕业生就业指导中心通过高校向毕业生发布用人需求信息，任何单位和个人不得隐瞒、截留需求信息。

2.信息及时

就是毕业生获取的信息必须及时、有效，而不能将过时的、无利用价值的信息传递给毕业生。

3.信息全面

毕业生有权获得准确、全面的就业信息，以便对用人单位有全面的了解，从而作出符合自身要求的选择，而不是盲目的。

（二）接受就业指导权

学生有权从学校接受就业指导，学校应成立专门机构，安排专门人员对毕业生进行就业指导。包括向毕业生宣传国家关于毕业生就业的有关方针、政策；对毕业生进行择业技巧的指导，引导毕业生根据国家、社会需要，结合个人实际情况进行择业，使毕业生通过接受就业指导，准确定位，合理择业。当然，随着毕业生就业完全市场化，毕业生也将由从学校接受就业指导而转为主动寻求和接受一些社会上的合法机构的就业指导。

（三）被推荐权

高等学校在就业工作中的一个重要职责就是向用人单位推荐毕业生。历年工作经验证明，学校的推荐往往在很大程度上影响用人单位对毕业生的取舍。毕业生享有被推荐权，包含这样几个方面内容。

1.如实推荐

即高校在对毕业生进行推荐时，应实事求是，根据毕业生本人的实际情况向用人单位进行推荐，不能随意或故意贬低和捧高对毕业生在校表现的评价。

2.公证推荐

学校对毕业生进行推荐时应做到公平、公正，应给每一个毕业生以就业推荐的机会，不能厚此薄彼。公正推荐是学校的基本责任，也是毕业生享有的最基本的权利。

3.择优推荐

学校根据毕业生在校表现，在公平、公开的基础上，还应择优推荐，用人单位录用毕业生也应该坚持择优标准，真正体现就业优用、人尽其才。这样才能调动广大毕业生和在校学生的积极性。毕业生在就业过程中只能凭借自身综合素质的提高来取胜。

（四）选择权

根据国家有关规定，实行招生并轨改革的高校毕业生在国家就业方针、政策指导下自主择业。毕业生只要符合国家的就业方针、政策，可以自主地选择用人单位，学校、其他单位和个人均不得干涉。任何将个人意志强加给毕业生，强令毕业生到某单位的行为都是侵犯毕业生选择权的行为。毕业生可结合自身情况自主与用人单位协商，要求学校予以推荐，直至签订就业协议。[①]

（五）公平待遇权

用人单位在录用毕业生的过程中，也应公正公平、一视同仁。但在当前，毕业生的公平待遇权受到很大的冲击，也最为毕业生所担忧。由于各项配套措施滞后，完全开放的、公平的就业市场尚未真正形成，用人单位录用毕业生还不同程度存在不公平、不公正的现象，如女生就业难仍是困扰女毕业生就业的一大问题。公平受录用权是毕业生最为迫切需要得到维护的权益。

（六）违约及求偿权

毕业生、用人单位签订协议后，任何一方不得擅自毁约。如用人单位无故解约，毕业生有权要求对方严格履行就业协议，否则用人单位对毕业生承担相应违约责任，支付违约金，毕业生有权要求用人单位进行补偿。

二、毕业生权益维护

毕业生享有上述权益，但在就业过程中往往会出现一些侵犯毕业生权益的行为，毕业生可通过以下途径对自身权益实施保护。

（一）通过毕业生就业主管部门保护

毕业生就业主管部门可通过所制定的规范性文件，对侵犯毕业生权益的行为进行抵制或处理。

[①]刘志慧. 大学生就业权益的法律保护研究[J]. 法制博览,2022(01):146-148.

（二）通过高校毕业生就业部门保护

高校毕业生就业部门的重要职责之一，就是维护毕业生的合法权益，保证就业工作的顺利进行。对于用人单位在录用毕业生过程中的不公平、不公正行为，学校有权予以抵制，以维护毕业生的公平受录用权。对于用人单位与毕业生签订的不符合规定的就业协议，学校有权不予同意，未经学校同意的就业协议，不发生法律效力，也不能作为编制就业计划的依据。

（三）毕业生依据有关政策法规进行自我保护

随着毕业生就业工作逐步走向规范化、法制化，毕业生的自我保护意识显得越来越重要。

要增强自我保护意识。首先，必须认真学习、深刻领会有关的政策、法律、法规，只有吃透其精神实质、把握其要领，才能运用好自己的权利。其次，要自觉遵守有关就业的政策、法律、法规，履行义务，以免使自己处于被动。在就业过程中，如发生协议争执、合同纠纷或用人单位以种种借口无理拒绝接收等自身权益受到侵犯的行为，毕业生可依据有关政策规定或法律条款向学校就业部门或用人单位的上级主管部门进行申诉，求得他们的协调；也可提交当地的劳动、人事部门的仲裁机构进行调解和仲裁，必要时可向人民法院提起诉讼。

第三节　大学生职业生涯规划

一、职业生涯的内涵

职业生涯是指一个人一生中的所有与工作职业相联系的行为和活动，以及相关的态度、价值观和愿望等连续性经历的过程。

（一）职业的含义和特征

1.职业的含义

在现实生活中，人们总是要在一定的工作岗位上实现就业，但人们对

"职业"一词却有着不同的理解。对于职业的确切含义，众说纷纭。美国学者舒尔兹（Schultz）认为，职业是一个人为了不断取得个人收入而连续从事的、具有市场价值的特殊活动，这种活动决定着从业者的社会地位。

2.职业的特征

（1）社会性

职业充分体现了社会分工，是社会生产力发展的产物。每一种职业都体现了社会分工的细化，体现了对社会生产和社会进步的积极作用。社会成员在一定的社会职业岗位上为社会整体作贡献，社会整体也以全体成员的劳动成果而获得持续的发展和进步。

（2）经济性

在承担职业角色并完成工作任务之后，劳动者会从中索取报酬，获得收入。一方面是社会、企业以及用人单位对劳动者支付报酬；另一方面，劳动者以此维持家庭生活，这是保持整个社会稳定的基础。

（3）技术性

任何一个职业岗位都有相应的职业要求，能胜任和承担岗位工作的人，除了达到该岗位职业道德、责任、义务和服务要求以外，还要达到持证上岗的技术水平。例如，所有岗位对学历证书、职业资格证书、专业技术考核证书、上岗培训合格证、专业工作年限等都有具体的规定，只有达到这些要求才能上岗。

（二）职业生涯的含义

1.生涯的概念

"生涯"一词由来已久，"生"原义为"活着"，"涯"为"边际"，"生"和"涯"连在一起是"一生"的意思，也就是人这一辈子。

生涯的概念因定义者的看法和时代的不同而有所改变。但大体上来看，生涯是指与个人终身所从事工作或职业等有关活动的过程。

目前，大多数学者认为来自美国的职业指导专家舒伯对于生涯的观点是最为全面的一个定义，舒伯认为，生涯是生活中各种事件的演进方向和历程，它统合了人一生中各种职业和生活角色，由此表现出个人独特的自我发展形态。生涯也是人自青春期至退休后，一连串有酬或无酬职位的综合。除了职业之外，还包括任何与工作有关的角色，如学生、退休者，甚至包含了家庭和公民的角色。所以，生涯是一个非常宽泛的概念，除了工作和职业之外，还涵盖了人一生所从事的各种活动。

2.职业生涯的含义

职业生涯是指一个人一生中的所有与工作职业相联系的行为和活动，以及相关的态度、价值观、愿望等连续性经历的过程。我们也可以将职业生涯这样理解，即它是一个在其一生中所承担职务的相继历程。它有以下四个方面的含义：

第一，职业生涯只是表示一个人一生中在各种职业岗位上所度过的整个经历，并不包含成功与失败的含义，也没有进步快慢的含义。

第二，职业生涯由行为活动、态度和价值组成。要充分了解一个人的职业生涯，必须要从客观和主观两方面理解：表示职业生涯客观特征的概念是"外职业生涯"，指一个人在工作时期进行的各种活动和表现的各种举止行为的连续体；"内职业生涯"则表示职业生涯的主观特征，涉及一个人的价值观、态度、需要、动机、气质、能力、发展取向等。

第三，职业生涯是一种过程，是一生中所有的与工作相关的连续经历，而不仅仅是指一个工作阶段。

第四，职业生涯受各方面因素的影响。如本人对终身职业生涯的设想与计划、家庭中父母的意见与配偶的理解与支持、组织的需要与人事计划、社会环境的变化等都会对职业生涯有所影响。因此，职业生涯在一定程度上可以认为是多方面相互作用的结果。

具体而言，职业生涯分为两种类型：一种是传统性职业生涯，指一个人的职业生涯中他们的职业可能是稳定的。比如一位大学教师，他的职业生涯初期是助教，然后是讲师，随着专业知识的深厚和教学经验的丰富，又晋升为副教授，由于科研的深入和研究成果的突出，再晋升为教授。另一种是易变性的职业生涯。比如一位大学教师，他首先从事的是教学工作，后又改作行政管理工作，再后来又可能因为某些原因而辞职转行做其他工作等。

（三）职业生涯发展的特点

从诸多职业生涯发展阶段理论我们可以发现，尽管每个人都有不同的职业发展道路，但总体而论，职业发展至少具有三个特点：

1.可规划性

每个人由于所处的情况不同，加之个体之间的差异，其职业的发展中实际上充满了偶然因素，但从长远来看，职业发展是可以规划的。规划的目的在于给个人提供总体的指导，它不预言具体的细节，是对职业的发展方向作出战略性的把握。

2.不可逆转性

职业生涯发展的不可逆转性源于人的自然成长和发展过程的不可逆转性，因为人们不可能抹杀过去的经历从头再来，而总是在原有的基础上前进。职业发展的不可逆转性提醒人们要充分重视职业生涯的每一步，因为今天的每一个选择，都可能影响下一步选择。

3.阶段性

职业生涯的发展具有阶段性，在每一个阶段都表现出不同的特征，而由此作出的抉择方案也是不同的。

二、职业生涯发展规划的基本理论

（一）职业锚理论

职业锚就是当一个人不得不作出选择的时候，他无论如何都不会放弃的职业中的那种至关重要的东西或价值观。

当我们进行个人职业生涯规划时，职业锚是一个非常重要的概念，它有助于我们进行职业定位。

职业锚的概念是由美国爱德加·施恩（Edsar H.Schein）教授提出的。职业锚理论也被称为职业生涯系留点理论。它反映了人们在有了相当丰富的工作经历以后，真正乐于从事某种职业；反映了一个人进入成年期的潜力需求和动机，并把它作为自己终身职业归宿的思想原因。在长期的职业实践后，人们对于人的"需要与动机""才能""价值观"各方面有了真正的认识，即寻找到了职业方面的"自我"与适合自我的职业，这就形成了人们终身可以认定的最不肯割舍的东西，即"职业生涯系留点"或称为"职业锚"。也就是说，某种因素把一个人"系"在了某一职业上，就此"抛锚"安身。施恩认为职业锚在有工作之前是不存在的，并把它定义为是"自我意向的习得部分，与自省动机、价值观和才干相联系"。

职业锚是由早期工作实践而来，是自我意向的一个习得部分。是进入个人早期工作情境后，由习得的实践经验所决定，与在经验中自省的动机、需要、价值观、才干相符合，达到自我满足和补偿的一种稳定的职业定位。

具体而言，职业锚的概念包括了三个方面的内容：自省的动机需要以实际情境中的自我测试和自我诊断以及他人的反馈为基础；自省的才干和能力以个人工作环境中的实际成功为基础；自省的态度和价值观以自我与雇佣组织、工作环境的准则以及价值观之间的实际碰撞为基础。

我们可以这样理解职业锚，就是当一个人不得不作出选择的时候，他无论如何都不会放弃的职业中的那种至关重要的东西或价值观。众所周知，职业生涯发展是一个持续探索的过程，在这一过程中，每个人都在根据自己的天资、能力、动机、需要、态度和价值观等，逐步形成较为清晰的自我观。随着人生发展，个人对自己的了解愈加深刻，职业锚的定位将愈加准确。

施恩通过对美国斯隆研究院毕业生工作经历的纵向研究，最初提出了技术或功能型、管理型、创造型、自主与独立型、安全型五种类型的职业锚。

（二）人职匹配理论

人职匹配是随着社会的发展，职业的种类也越来越多，每一种职业都对任职者的素质有不同的要求。只有当任职者具备这些要求并达到规定的水平，才能胜任这项工作，获得最大绩效。这种人和岗位的对应关系就是人职匹配关系。通俗地说，就是恰当的人做恰当的事。

人与职业是相互关联的一对范畴，个人进行职业选择的同时，也就是职业对于个人的选择。要较好地完成职业选择，必须以两者相互一致、相互适应、相互匹配为前提。[①]

人与职业匹配的理论，可以分为"人格特性与职业因素匹配"和"人格类型与职业类型匹配"两种。相应于这两种理论，在职业选择、职业指导及其管理中出现了不同的模式。

1.人格特性—职业因素匹配

所谓人格特性—职业因素匹配理论，指的是依据人格特性及能力特点等条件，寻找具有与之对应因素的种类的职业选择与指导的理论，也称"特性—因素匹配理论"。该理论是由职业指导的创始人，美国波士顿大学教授帕森斯创立的。

这一理论认为，每个人都有自己独特的人格特性与能力模式，这种特性和模式与社会某种职业的实际工作内容及其对人的要求之间有较大的相关度。个人进行职业选择时，以及社会对个人职业选择进行指导时，应尽量做到人格特性与职业因素的接近和吻合。这种匹配过程包括三个步骤。

第一步是特性评价。特性评价是指对将要选择职业的人的各种生理、心理条件以及社会背景进行的评价。具体来说，包括对常规性身体与体质检查、能力测验（尤其是职业能力测验）、兴趣测验、人格测验、学业成绩、家庭经济收入、父母职业、家庭文化背景等多方面的材料作出综合评价。

第二步是因素分析。因素分析是指职业对人的要求的各项因素进行的分析。包括各种职业（职位、职务）的不同工作内容；它们对人的不同生理、心理、文化等条件的要求等。通过分析，使个人有较明确的选择目标。

第三步是二者匹配。二者匹配是指把对个人的特性评价与对职业的因素分析结果对照，从而使人能够寻找到自己适于从事的职业。

[①]刘岳,侯佳琳,任增元.我国大学生职业生涯规划理论基础及当代实践探索[J].现代教育科学,2022(02):54-59.

人格特性—职业因素匹配理论的基础是人格特性理论。人格特性理论认为，人格可以划分为若干种特性，每一特性都是人所共有的，但不同人在同一特性方面的强度或水平是不同的。不同的人有不同的人格特性结构，因而就有了人格的差异。

2.人格类型—职业类型匹配

人格类型与职业类型匹配理论的基础是人格类型理论。人格在一定意义上是对社会刺激的反应，是人与环境与社会互动的反映，如荣格提出"内向、外向"的类型。人格类型的划分及其理论，比人格特性论简明方便，是人们进行职业选择及职业定向时所常用的。

人格类型—职业类型匹配理论，是将人格与职业均划分为不同的大的类型，当属于某一类型的人选择了相应类型的职业时，即达到了匹配。社会对个人择业的指导，也就是要达到人格类型与职业类型的匹配。

（三）职业发展阶段理论

职业生涯发展理论，主要是指个体职业心理发展的阶段性理论。这种理论认为个体在不同的职业发展阶段中，对职业的需要以及追求发展的方向和方式存在着较大的差异，只有充分认识到人在职业生涯发展的各个不同阶段的特点和规律才能更好地规划自己的人生。

1.施恩的职业生涯发展理论

美国的施恩教授立足于人生不同年龄段面临的问题和职业工作主要任务，将职业生涯分为九个阶段。

（1）成长、幻想、探索阶段

一般0～21岁处于这一职业发展阶段。主要任务如下：

第一，发展和发现自己的需要和兴趣，发展和发现自己的能力和才干，为进行实际的职业选择打好基础。

第二，学习职业方面的知识，寻找现实的角色模式，获取丰富信息，发展和发现自己的价值观、动机和抱负，作出合理的受教育决策，将幼年的职业幻想变为可操作的现实。

第三，接受教育和培训，开发工作世界中所需要的基本习惯和技能。在这一阶段所充当的角色是学生、职业工作的候选人、申请者。

（2）查看工作世界

16～25岁的人步入该阶段。首先，查看劳动力市场，谋取可能成为一种职业基础的第一项工作；其次，个人和雇主之间达成正式可行的契约，个人成为一个组织或一种职业的成员，充当的角色是应聘者、新学员。

（3）基础培训

处于该阶段的年龄段为16～25岁。与上一个阶段不同，要担当实习生、新手的角色。也就是说，已经迈进职业或组织的大门。此时主要的任务一是了解、熟悉组织，接受组织文化，融入工作群体，尽快取得组织成员资格，成为一名有效的成员；二是适应日常的操作程序，胜任工作。

（4）早期职业的正式成员资格

此阶段的年龄为17～30岁，取得组织新的正式成员资格。面临的主要任务是承担责任，成功地履行与第一次工作分配有关的任务发展和展示自己的技能和专长，为提升或查看其他领域的横向职业成长打基础。根据自身才干和价值观，根据组织中的机会和约束，重估当初追求的职业，决定是否留在这个组织或职业中，或者在自己的需要、组织约束和机会之间寻找一种更好的配合。

（5）职业中期

处于职业中期的正式成员，年龄一般在25岁以上。主要任务是选定一项专业或查看管理部门保持技术竞争力，在自己选择的专业或管理领域内继续学习，力争成为一名专家或职业能手；承担较大责任，确定自己的地位；开发个人的长期职业计划。

（6）职业中期危险阶段

处于这一阶段的是35～45岁。主要任务为现实的估价自己的进步、职业抱负及个人前途；就接受现状或者争取看得见的前途作出具体选择；建立与他人的良好关系。

（7）职业后期

从40岁以后直到退休，可说是处于职业后期阶段。此时的职业状况或任务是成为一名良师，学会发挥影响，指导、指挥别人，对他人承担责任；扩大、发展、深化技能，或者提高才干，以担负更大范围、更重大的责任；如果求安稳，就此停滞，则要接受和正视自己影响力和挑战能力的下降。

（8）衰退和离职阶段

一般在40岁之后到退休期间，不同的人在不同的年龄会衰退或离职。此间主要的职业任务一是学会接受权力、责任、地位的下降；二是基于竞争力和进取心下降，要学会接受和发展新的角色；三是评估自己的职业生涯，着手退休。

（9）离开组织或职业退休

在失去工作或组织角色之后，面临两大问题或任务：第一，保持一种认同感，适应角色、生活方式和生活标准的急剧变化；第二，保持一种自我价值观，运用自己积累的经验和智慧，以各种资源角色对他人进行传帮带。

需要指出的是，施恩虽然基本依照年龄增大顺序划分职业发展阶段，但并未囿于此，其阶段划分更多地根据职业状态、任务、职业行为的重要性。正因施恩教授划分职业周期阶段是依据职业状态和职业行为和发展过程的重要性，又因为每个人经历某一职业阶段的年龄有别，所以，他只给出了大致的年龄跨度，并在职业阶段上所示的年龄有所交叉。

2.格林豪斯的职业发展理论

格林豪斯研究人生不同年龄段职业发展的主要任务，并以此将职业生涯划分为五个阶段。

（1）职业准备

典型年龄段为0～18岁。主要任务是发展职业想象力，对职业进行评估和选择，接受必需的职业教育。

（2）查看组织

18～25岁为查看组织阶段。主要任务是在一个理想的组织中获得一份工作，在获取足量信息的基础上，尽量选择一种合适的、较为满意的职业。

（3）职业生涯初期

处于此期的典型年龄段为25~40岁。学习职业技术，提高工作能力；了解和学习组织纪律和规范，逐步适应职业工作，适应和融入组织；为未来的职业成长做好准备，是该期的主要任务。

（4）职业生涯中期

40~55岁是职业生涯中期阶段。主要任务就需要对早期职业生涯重新评估，强化或改变自己的职业理想；选定职业，努力工作，有所成就。

（5）职业生涯后期

从55岁直至退休位于职业生涯的后期。继续保持已有职业成就，维护尊严，准备引退，是这一阶段的主要任务。

三、国内大学生职业生涯规划现状

职业规划起源于美国20世纪初叶，是由美国帕森斯（Parsons）等人根据他们的实际工作经验而提出的。20世纪60年代末期到70年代初期，生涯规划理论在学术文献中开始大量涌现。20世纪70年代，生涯教育运动在美国的提出与实施，为生涯规划在学校内的运用起到了推波助澜的作用。20世纪80年代之后，职业生涯规划如雨后春笋般在西方国家迅速成长起来。今天，生涯发展规划已成为美国、英国、加拿大等国广泛实施的一种活动过程与咨询方式，成为学校心理辅导的重要组成部分。

"职业生涯规划"在我国还是一个新兴的名词，但随着职业市场竞争的不断升温，人们越来越意识到，科学的职业生涯规划在自己一生中处于至关重要的地位。特别是高等教育大众化时期，职业市场的竞争非常激烈，成功的机会也相对较多。给自己制定一个好的职业生涯规划，充分发挥自己的优势，在众多的竞争者中脱颖而出，是所有人的梦想。因此，职业生涯规划逐渐受到人们前所未有的关注。现在国内各省市积极举办大学生职业生涯规划大赛、各高校开设大学生就业指导课，在北京、上海、深圳等经济蓬勃发展的大城市中，一些专业机构已经开展了职业生涯规划的系统服务。可以预见，"职业生涯规划"这个名词对今日的大学生而言，不仅不再陌生，而且将会让更多的人从中受益。

关于国内大学生职业生涯规划的现状，人们做过调查。调查包括大学生对所学专业的满意程度、对自我的认识程度、对就业前景的关注程度、职业期望状况四个方面。调查结果如下：

第一，对所学专业的满意度程度。学生对本专业的满意与否主要取决于能否择己所爱，该专业能够在将来帮助自己找到喜欢的工作。调查发现，有21%的大学生对自己的专业较满意，有66.6%的大学生不清楚，有10%的大学生比较不满意，有2.4%的大学生对自己的专业非常不满意，各专业的满意程度没有显著差异。

第二，对自我的认识程度。自我认识包括个人的兴趣与特长、个人的性格与价值观、个人所选定的目标与需求、个人的情商、个人的工作经验、个人的学历与能力、个人的生理情况七个方面。调查中发现，只有6.7%的被调查者对自己有比较清楚的认识，而52.3%的被调查者对自己的各个方面的能力、兴趣等持含糊的态度，41%的被调查者完全不了解自己，不同年级不同专业的学生对自我认识没有显著差异。这说明较多的大学生未能很好地关注自身特点、发现自身问题、促进自身发展。

第三，对就业前景的关注程度。对就业前景的关注程度，直接影响了对所选职业所做的准备程度和将来职业所带来的成就高低。在调查中发现，只有14.5%的被调查者对当前的就业状况有比较清楚的了解。不同年级的学生对就业前景的关注程度没有显著性差异，而不同专业的学生对就业前景的关注程度就有显著性差异，冷门专业的学生比热门专业的学生更加关注就业前景。

第四，职业期望状况。影响职业期望因素大致可分为三个方面：声望地位稳定性因素（城市位置与社会地位）、内在价值因素（发展空间和兴趣爱好）、外在价值因素（薪水高低）。在调查中，被调查者将薪水高低、发展空间、城市位置、兴趣爱好、社会地位按自身在选择工作时起作用从大到小排序。发展空间、兴趣爱好成了大多数被调查者的首选，接下来依次才是薪水高低、城市位置、社会地位，男女生没有显著的差异。调查中还发现被调查者中有83.3%的被试者认为"前途"比"钱途"更为重要，60.3%的被试者宁愿当"鸡头"也不愿当"凤尾"。以上结果表明，多数大学生更注重工作的内在价值。

从上述四个方面的分析表明当前国内大学生职业生涯规划呈现以下特点：①多数大学生对所学专业的满意度较低；②大学生对职业生涯规划还比较模糊，自我认识不够，绝大多数没有明确的目标；③大学生对社会人才的需求了解甚少，学校的就业指导功能处于起步阶段，学生了解就业相关信息的渠道较少；④大学生的职业期望更注重发展空间和兴趣爱好。

因此，我们认为，根据上述特点，学校应该加强对学生的职业生涯规划的指导，大学生本人应该及早进行职业生涯的规划，为未来做好充分的准备。

四、职业生涯规划对大学生的意义

职业生涯活动将伴随我们的大半生，甚至更长远，拥有成功的职业生涯才能实现完美人生。因此，职业生涯规划，只要开始，永远不晚，职业生涯规划对于大学生实现自己的人生价值，对于一生的幸福和满足都具有特别重要的意义。具体可以表现在以下几个方面。

第一，职业生涯规划可以发掘自我潜能，增强个人实力。

一份行之有效的职业生涯规划将会引导大学生正确认识自身的个性特质、现有与潜在的资源优势，帮助大学生重新对自己的价值进行定位并使其持续增值；引导大学生对自己的综合优势与劣势进行对比分析，使大学生树立明确的职业发展目标与职业理想；引导大学生评估个人目标与现实之间的差距；引导大学生前瞻与实际相结合的职业定位，搜索或发现新的或有潜力的职业机会，使大学生学会如何运用科学的方法采取可行的步骤与措施，不断增强其职业竞争力，实现自己的职业目标与理想。

第二，职业生涯规划可以增强发展的目的性与计划性，提升成功的机会。

生涯发展要有计划、有目的，不可盲目地撞大运，很多时候人们的职业生涯受挫就是由于生涯规划没有做好。好的计划是成功的开始，古语讲，"凡事预则立，不预则废"就是这个道理。

第三，职业生涯规划可以提升应对竞争的能力。

当今社会处在变革的时代，到处充满着激烈的竞争。物竞天择，适者生存。职业活动的竞争非常突出，尤其是我国加入WTO后。要想在这场激烈的竞争中脱颖而出并保持立于不败之地，必须设计好自己的职业生涯规划。这样才能做到心中有数，不打无准备之仗。不少应届大学毕业生不是首先坐下来做好自己的职业生涯规划，而是拿着简历与求职书到处乱跑，总想会撞到好运气找到好工作。结果是浪费了大量的时间、精力与资金，到头来感叹招聘单位是有眼无珠，不能慧眼识英雄，叹息自己英雄无用武之地。这部分大学毕业生没有充分认识到职业生涯规划的意义与重要性，认为找到理想的工作靠的是学识、业绩、耐心、关系、口才等条件，认为职业生涯规划纯属纸上谈兵，简直是耽误时间，有那时间还不如多跑两家招聘单位。这是一种错误的理念，实际上未雨绸缪，先做好职业生涯规划，磨刀不误砍柴工，有了清晰的认识与明确的目标之后再把求职活动付诸实践，这样的效果要好得多，也更经济、更科学。

对于当代的大学生而言，职业生涯规划就像一座灯塔，指引着自己在追求人生目标的道路上前进。它在总结了无数前辈智慧结晶的基础上，告诉大学生为人处事的基本道理，指明怎样做才能事半功倍；它也在反思了身边许多事例的基础上，告诉大学生在实现目标的过程中要注意些什么，使其少走弯路，找到其中的捷径；此外，当大学生在前进道路上遇到困难、支持不住而想放弃之时，职业生涯规划会使其产生源源不断的动力，让其坚定地走下去，直到成功的终点。

职业生涯规划的目的是要突破障碍、激发潜能、实现自我，它向大学生提供了一些有效的方法和工具，让其有能力在不同发展阶段都能对自己的过去、现在和未来有一个重新审视和评估的机会。即使在无法预期、充满不确定感的人生当中，也能学习到如何根据这些可能发生的变局，不断调整自己、修正可执行的计划，为自己的每一个人生阶段创造最大的满足感和成就感。

第三章 大学生就业综合素质拓展

第一节 大学生成功心理素质

一、成功心理素质的含义

　　人的心理是人脑对客观世界的积极反映，以及在此基础上对行为的自我调节，包含对过去、现在和未来的事件的反映。对过去事件的反映表现为记忆经验，对现在事件的反映表现为全部印象、体验、智力活动等，对未来事件的反映表现为意图、目的、想象、幻想等。感觉、知觉、表象、注意、记忆、想象、思维、情感、意志等都是人的心理的不同表现形式。人的心理是在劳动实践和语言的影响下产生和发展的，具有自觉的能动性，并随着社会实践活动的发展不断完善。人的素质实质上就是人的一种整体的、稳定的、内在的心理发展属性。每个人的素质都是生动的、丰富的，正像每个人的生命都是生动、丰富的一样。表现在语言方面，有语言素质；表现在逻辑数学方面，有逻辑推理素质；表现在音乐舞蹈艺术方面，有艺术素质；表现在身体运动方面，有运动素质；表现在空间视觉方面，有多维空间素质；表现在人际交往方面，有沟通素质；表现在自我内省方面，有认识自我的素质；表现在自然观察方面，有兴趣爱好的素质；等等。

成功心理素质是指人们在追求成功过程中所表现出来的一种积极向上的、整体的、稳定的心理发展属性。表现在"知"的领域，是指人们对成功的观念意识；表现在"情"的领域，是指人们对成功的一种情感、一种心态；表现在"意"的领域，是指人们对成功的一种执着追求、一种坚强毅力。[①]

二、大学生的成功意识

当代大学生要对自我充满自信，要有强烈的成功意识，不仅是心里想成功，而且要化为潜意识：我一定要成功，我一定能成功！直到大胆地大声喊出来，并按照正确的法则去行动。大学生在应聘过程中，学习成绩并不是最主要的（当然也不能太差），关键是自信心，强烈的信念。当几所学校的十几位应聘者面对主考官提问时，考的并不是应聘者的学习成绩，而是其反应能力和自信心，以及一种强烈的信念。有的同学之所以败下阵来，就是因为缺乏斗志，缺乏精神，缺乏自信，不敢大胆地回答问题，表现出胆怯、犹豫、紧张、语无伦次。

身体是要经常锻炼的，人的思维意识也要不断修炼、不断反省，积极的思维带来积极的行动。所以，人们平时要多想好的事情、说好的事情、传好的事情、做好的事情。追求成功、渴望成功的每一个人，都要学会善于运用信念的力量，从积极的方面去思考、去行动。具备强烈的成功信念，是迈向成功的第一步。

三、大学生的成功心态

心态是指人们对待事物的心理态度。心态主要分为积极心态和消极心态两种类型，大学生的成功心态，就是指大学生在追求成功的过程中，对待事物的积极心理态度。

---

①刘晓敏.大学生就业素质的构成及提升机制研究[J].科技资讯,2015,13(01):130+132.

心态是一个人成败的关键,成功学大师拿破仑·希尔说:"一个人能否成功,关键在于他的心态。成功人士与失败人士的差别在于:成功人士有积极心态,而失败人士则运用消极的心态面对人生。人生是好是坏,不由命运来决定,而是由你的心态来决定。"每个人身上都存在两种力量:一种是建设力,这是一种积极向上的人生态度,它让人精神振奋,好学上进,幽默乐观,思想深邃,诚实守信,坚定信念,克服困难,敢于竞争,勇于胜利,追求真善美,充满自信,生活充实。另一种是破坏力,这里又分为内破坏力和外破坏力。内破坏力让人消极悲观、失望、缺乏自信、紧张、忧虑、焦虑、空虚、彷徨、自闭、自残,甚至自杀等;外破坏力让人冷漠、仇恨、虚伪、堕落、打、杀、抢、假、恶、丑。

大学生的成功心态具体来说要有哪些呢?

(一)要有积极进取的精神

自古以来,中华民族生生不息,靠的就是一种积极进取的精神,"天行健,君子自强不息""修身齐家治国平天下""路曼曼其修远兮,吾将上下而求索""三军可夺帅也,匹夫不可夺志也""天下兴亡,匹夫有责""先天下之忧而忧,后天下之乐而乐""富贵不能淫,贫贱不能移,威武不能屈""穷且益坚,不坠青云之志",这都是中华民族精神的生动写照。

(二)要有快乐的心态

追求成功是一种快乐的事情,如果把它看成一种痛苦,那就不可能成功。有了快乐心态,就会有积极的思维和想象,许多知识信息都可以激活,许多困难挫折都能够克服,原先不愿去做的事情都会乐意做。

人的一生必定经受很多挫折,不能总是把自己放在真理的位置上,指责别人的不是,那样永远也跳不出怨恨伤感的怪圈。

(三)要有分享的心态

有了快乐,不仅自己体验,还会情不自禁地和他人分享,就像看了一场好电影,看了一本好书,你会积极向朋友推荐,向朋友谈论心理感受,从而让朋友也感到快乐。一个人快乐还不行,大家快乐才是真正的快乐,这就是快乐的原理。分享的过程也就是信息交流、人际沟通的过程。取得了成功，体验到成功的快乐，希望将此快乐与亲朋好友一起分享，希望大家都能加入追求成功的团队、追求快乐的团队，并不断地追求更大的成功、更大的快乐。成功让人感悟情感高峰体验，而这种强烈的体验又促使其追求更大的成功，去获得更多的快乐，并与他人分享。

（四）要有空杯心态

所谓空杯心态，实质上是一种谦虚的心态，一种宽容的心态，一种不断学习的心态。要让空杯心永远开放着，不断吸收，不断吐故纳新，不断去追求与创新。

四、大学生成功心态的训练方法

（一）改变消极心态，树立新的奋斗目标

大学生中的消极心态有以下几种表现。

1.自卑心理

总认为自己比不过别人，常常为自己的不足而懊恼，感到低人一等。像有的人为自己的个子矮小而自卑，有的人为自己交际能力缺乏而自卑，有的人因为找工作不顺而自卑。

2.胆怯心理

爱面子，担心出错、出丑而不敢行动，害怕在公众场合表现自己。像有的同学在寝室活泼可爱，而要到讲台上发表演讲就胆怯；有的同学在熟悉的同学面前谈笑风生，而一旦在陌生环境与陌生人打交道则十分紧张，在异性面前更是紧张万分，躲躲闪闪，沟通困难；有的毕业生在面试中不敢正视主考官，表现不自然，回答问题不清晰，思维堵塞，头脑一片空白，匆忙败下阵来。

3.缺乏自信

做什么事，说什么话，总觉得底气不足，信心不足，缺乏斗志、拼劲，关键时候表现为紧张、思路不清、反应不灵敏。尤其是毕业生在正规的场

合参加应聘，参加集体或单独面试时，虽然也能应付过去，但总给人底气不足、信心不足的感觉，结果错失良机。而有的毕业生在关键时候精神振奋、斗志昂扬，回答问题干脆利落、充满自信，结果被优先录用。如果站在用人单位角度来考虑，一个缺乏自信的人当然是不适宜富有挑战性工作的。

4.常找借口

遇到困难挫折不是积极想办法解决，而是找借口放弃。做错了事不敢承认错而是找借口掩饰，开脱责任。事情都没有做就想好退路，找到了台阶，"哎呀，这个太难了""哎呀，这个我做不来""失败又不是我的错""这次演讲我恐怕讲不好""这次活动可能会不成功"。

5.从众心理

缺乏自己的主见，随波逐流，人云亦云，总觉得跟随大家总不会错，盲目追赶流行的东西，而不会理性思考。而现实中往往是流行快的消失得也快。

6.无所谓心理

做事情没有激情，无精打采，没有目标，不知自己现在要干什么、今后要干什么，天天沉溺于网络游戏。

从以上种种消极心态可以看出，缺乏人生奋斗目标、害怕失败、逃避责任、逃避痛苦，是导致消极心态的根本原因。因此，要改变这种消极心态，要运用思维的理性的力量。首先，要认真思考自己的人生发展目标：什么是自己想要的？自己希望成为一个什么样的人？准备用多少年来成就自己的目标？并且用笔和纸写下来，睡觉前、起床后用心看一看自己的人生发展目标，强化成功意识，树立雄心壮志。其次，调整心态，改变思维方式，多想好的事情，想象自己成功的快乐情景，想象未来美好生活，眼光向前看，而不是老向后看，多想好的，多做好的，多说好的，把那些消极的意识从大脑中清除，把自己的心态调整好，就像百米赛跑运动员比赛前要热身一样。

（二）确立"我一定能"的信念

"我能，我一定能"，这是训练思维意识的一句很重要的话。身体要锻炼，运动员要训练，艺术家要练功，人的思维意识也要经常修炼，这是通向成功之路的第一步。要学会运用信念的力量走向成功。相信自己，肯定自己，战胜自己，超越自己！这是中外许许多多成功之士的共同特征。当人的情绪低落时，当人遇到挫折失败时，当生命处于危险时，这种坚强的信念往往显得更重要。

（三）制订行动计划

远大目标确定后，要制订详细的行动计划，否则目标就可能变成空想。

比如，你想成为一名杰出科学家、企业家、艺术家或技术专家等，你就要将这个远大目标理想详细地列出来，写在纸上，越清楚越好，列出实现目标的时间：比如要在35岁前实现目标。假如你现在是19岁，那么离35岁还有16年，这16年你要规划好自己行动的步骤以及实现目标需要哪些条件。比如你要成为科学家，那么必须站在巨人的肩膀上才能更好地达到目标。而这些巨人们大多在著名大学、研究所，因此，你要设计自己：头5年要用功学习，考入重点大学、攻读研究生，尽量靠近科学家；后5年要考入巨人们所在的大学、研究所读博士，接近科学家；然后再经过5~6年时间，站在巨人的肩膀上，勇于创新，成为科学家。你只有这样详细地规划自己的人生发展目标，成功才不会是梦想，才一定能变成现实。

（四）强化愿望，立即投入行动

强化愿望是为了更加信心百倍地投入行动，没有实施行动，没有比常人多几倍的付出，是不可能取得成功的。俗话说得好："天上不会掉馅饼。"只有付出再付出，行动再行动，才能实现心中的梦想。现实生活中有不少人并不乏理想，但缺少详细的行动计划，缺少行动和实践，结果老是失败。看准了目标，就要义无反顾，大胆实践，尽管在实践中会遇到许多困难挫折，只要你坚定信念，不断强化愿望，执着顽强，总结经验教训，最终会有人生的收获与享受。要想成功，就要立即投入行动，比他人多一些付出，少睡懒觉，少玩一些电脑游戏，多上图书馆、实验室，锻炼身体，勤练本领（练钢笔字、毛笔字、英语口语、表达能力、组织能力、社会实践能力等），发展兴趣爱好，培养素质和能力，从点滴做起，从身边事情做起，从自我做起。

（五）组建合作团队，快乐人生每一天

在一个缺乏上进心的环境里，人也容易变得懒惰和平庸。再加上人自身具有的惰性，一旦遇到挫折困难就容易变得消极、悲观、失望，即使有很大的决心，周围的人也会对你产生不好的影响，拉你去拼命玩，奉劝你及时行乐，希望你和大家一样，不要去创新，不要去追求更大的人生目标。正因为这样，许多人容易败下阵来。开始时跃跃欲试，渴望成功，巴不得马上成功，而对追求成功往往是一个艰辛漫长的过程又缺乏心理准备，这是许多人的通病，轻易就放弃目标的追求。只有少数人，因为有远大目标，有强烈的信念，并坚持做下去，从不放弃，最终获得成功。"一个人只需坚定，向着周围四看，这世界对于有为者并不默然。"复旦大学著名美学家蒋孔阳就是这样勉励我们的。我们要创建团队，发扬团队精神，在学校，你可以去影响别人，激励别人，和一些志同道合的同学组成一个追求成功的团队，在这个团队里，大家互相信任、互相激励、互相关心和帮助，追求成功，不言放弃。

五、大学生成功习惯的养成

一个人要想成功，不仅要树立远大目标，强化信念，而且要养成良好的习惯，"习惯成自然"，你成功了，习惯也就成自然了。

失败者的习惯有哪些表现呢？第一，安于现状，不思进取，无精打采，缺乏活力；第二，不顾实际，贪图享乐，不会节约，不会控制，今朝有酒今朝醉，混一天算一天；第三，不爱学习，不爱劳动，爱虚荣，爱打扮，爱赌博；第四，做事拖拉推诿，做不好常找借口；第五，不讲诚信，爱撒谎，不做实事，爱吹牛，弄虚作假，招摇撞骗；第六，考虑问题、做事情总是朝消极的方面去想，怕这怕那，不敢冒险，不敢创新。

成功者的习惯有哪些表现呢？第一，喜欢思考，而且喜欢从积极的、好的方面去思考；第二，积极锻炼身体，风雨无阻；第三，快乐地做事，快乐地学习、工作、生活、娱乐；第四，心胸宽广，善于学习吸收对组

织、对自己有用的事物；第五，勇于实践，敢于行动，不怕冒险，追求真善美，追求成功。

第二节　大学生学习能力

一、学习能力的含义、意义及作用

（一）学习能力的含义

学习能力是指人们按照一定的社会和个人价值需求主动地去吸收和掌握生命发展所需要的一切事物的个性倾向。比如对经验、信息、科学知识和科学技术以及各种技能等的学习。生命的需要有很多，如生存的需要、发展的需要，而要满足这些需要，最重要的是会学习，即善于学习，学会学习。这就是一种学习能力。

学习能力有几个重要特征：①自主性，是指个体生命自觉、自愿地去学习，而不是被迫去学习；②能动性，是生命主体积极、富有创造性地去学习，不光是对知识、信息简单地吸收，还要会消化，要善于转化成生命所需要的物质和精神能量；③创造性，学习的最终目的是推陈出新、吐故纳新、融会贯通，是为了创新和创造，而不是"死读书，读死书，读书死"。

（二）学习能力的重要意义及作用

在当代社会，学习能力的强弱，对一个组织或生命个体都有着极其重要的意义和作用。我们可以从以下几个方面来重新认识学习能力。

1.组织与个人的成功奥秘：学习能力强

企业或个人如果具备很强的不断学习的能力，就能够取得成功，创造辉煌。其成功奥秘在于：一是能以最快速度、最短时间学到新知识，获得新信息；二是企业组织领导层或个人能不断提高学习能力，成为学习型组织或个人；三是加强集体学习能力，集思广益，调动和发挥大家的积极性；四是以最快速度、最短时间把学习到的新知识、新信息、新技术应用于企业和个人的变革与创新，满足市场和客户的需要，取得成功。

2.掌握学习能力——终身受益

寒窗苦读表面上看学的是一些"无用之学"，实则是获取知识信息和能力的过程。在大学里能够学到的知识显然是有限的，但是，养成一种好的学习习惯，获取学习的能力，却可以让人一生受益。

3.学习能力是第一竞争资本

这里的学习能力不是简单的课本知识和技术技能的学习，而是多方面的知识技能，比如专业知识技能、非专业知识技能、生活知识技能等。而且要能够学以致用，学了能够创新，学了能够执行，执行能够产生良好效益。

现代社会竞争越来越激烈，尤其是人才的竞争，已达到白热化态势，因为大家越来越形成一个共识：科学技术是第一生产力，而人才是组织发展的第一资本。一个企业即使有设备、有资金、有技术、有普通劳动力，但如果没有人才，没有关键岗位上的关键人才，这个企业的发展不可能取得成功。

二、当代大学生与素质学习

（一）素质学习的含义及要求

素质教育是相对于学校对受教育者的角度来讲的，即学校教育应对受教育者实施素质教育；而素质学习是相对于学生个体的角度来看的，即学生依据自我生命发展的需要，主动地、积极地学习各种素质。素质是人的特有的属性，是体现人的生命的基础性的本质特征。离开了素质，人就不能成为真正意义上的"人"。当代大学生要具备多方面的素质，要有丰富的情感素质、健康的心理素质、广博的科学文化素质等。李德仁院士指出，21世纪对人才基本素质的要求有：①具有进取、创新精神；②具有宽广的知识面和良好的社会适应性；③具有获取信息和知识的能力；④具有对社会、国家和人类负责的高度责任感；⑤具有优良的学风和严谨的治学精神；⑥具有被人领导和领导别人的团队精神；⑦具有个人特长。

要达到以上人才的素质要求，学校和全社会唯有加强素质教育，个体唯有加强素质学习才能达成。

（二）大学生素质学习的主要内容

对每一个当代大学生来说，素质学习时仅有等待观望是不够的，要发挥自我的主观能动性。虽然素质教育还比较薄弱，但我们不能因此而忽视素质的培养，中学时代忽视的素质教育，完全可以在大学时代借助大学的多种资源尽力弥补。学会自学，学会自主学习，成为一个快乐的、探究型、创新型、一专多能型专业人才是每个大学生成才的奋斗目标。[①]而要达成这个目标唯一的方法就是不断学习，善于学习，学会学习，学会生存，学会共存，学会劳动，学会工作，学会休闲娱乐，学会欣赏关心，学会创新创造，在更高的层面上，达成人与自然、主体与客体、主观与客观、物质与精神、肉体与灵魂的和谐统一。

三、当代大学生与终身学习

（一）知识经济时代需要终身学习

终身学习是指人的一生通过持续学习活动以求意识与行为的变化，不断提高自我或他人的科学文化发展、社会经验与职业能力。若从广义上解释，那就是活到老学到老。关于终身学习的思想，在古代先哲圣人的经典中都有过一些论述。然而，古典终身学习论往往偏重于个人立身处世或自觉求道的自我钻研和自我修养，而作为现代一种公共教育思想的终身学习论则是伴随着现代社会的需要而兴起的。

在现代社会，知识信息日新月异，信息陈旧老化很快，加之社会竞争激烈，一个人或一个团队如果不保持终身学习的精神，不善于吸收学习新知识、新信息、新技术，就会逐渐退步落伍，甚至被时代淘汰。终身学习是现代社会发展的需要，是现代人生命的内在需求，是人之所以为人的本

①史秋衡,王芳.我国大学生就业能力的结构问题及要素调适[J].教育研究,2018,39(04):51-61.

质特征。学习是人生存和发展的一种需要、一种享受，任何人都不得剥夺一个人学习的权利，任何人也没有权利不让自己学习。不断学习，继续学习，终身学习，越来越成为现代社会的发展趋势。

（二）大学生终身学习能力的培养

在现代社会，优秀的大学再不是单纯的知识教育的机器，重要的是它要使受教育者获得自我教育的能力，这种能力将作用于一个人的一生。这种在大学中获得能力，并用这种能力自我教育一生的教育模式，就是终身教育。

在现代社会，优秀的大学生也不是单纯的知识信息被动接收器，重要的是要培养自己的各种能力，尤其是学习能力和创新能力，并将这种能力伴随自己的一生，不断学习，不断创新。终身学习能力的培养，是离不开一定的科学知识基础的，科学知识与学习能力是相辅相成、互为促进的。现代教育心理学研究表明，能力的长进离不开一定的知识基础，而能力的发展反过来又能促进知识的学习。尤其是在某个专业领域，你要想成为这个领域的专家，必须做到这几点：一是拥有该专业领域渊博的学识，大脑中形成一个一个的知识区块，并能对这些区块自由组合，连贯起来；二是发现问题快，善于发现问题；三是解决问题快，思维敏捷，反应快，出手快；四是反复练习，不断学习，长时间钻研学习，一般要在某个专业领域花十年以上工夫学习才能成为专家，正所谓"十年磨一剑"。

当代大学生要培养自己的终身学习能力，关键是培养自己对学习的兴趣爱好，做到自主学习，善于学习，乐于学习，把外在的学习变为内在生命的需求，把外在的科学文化知识内化为自我生命成长的养料，使自己永远保持一种向上奋发进取的精神，一种快乐学习的心态，一种宽广的胸怀。

第三节　大学生信息整合能力

一、信息整合能力的内涵及作用

（一）信息整合能力的内涵

信息整合能力是指人们将各种信息进行筛选分析，优化组合，综合利用，加工创新的一种能力。首先是将各种信息进行整理分类，有目的地筛选分析。其次是将整理筛选后的信息优化组合，综合利用，快速应对。最后是对信息的再加工、再创造过程，产生一种新的信息，为团队或人类社会所用。

（二）信息爆炸时代与信息整合能力

自从人类社会已经进入信息时代，世界科学技术以及信息的发展日新月异，信息比以往任何时代都显得重要，和人们的生活密不可分，信息技术、信息产业化进程突飞猛进，令人惊叹！信息有广义与狭义之分。广义的信息是指系统本身的特质，也即指系统本身所包含的属性，这包括已经被人们认识到的和还未认识到的。物质、能量、信息是任何系统都具备的特征，而且是必不可少的特征。系统的发展依赖于物质、能量、信息的不断交换与转化。人们对世界万事万物的认识，实质上就是对系统内部与外部规律的揭示。大到天体宇宙世界、以太阳为中心的宇宙系统，小到原子内部世界、人的心灵世界，人们对人和社会、自然的认识（正确的与不正确的）都可以称为广义上的信息，那些我们还未认识到的（未解码的），但系统本身却在散发着的音信，我们都可以称为广义的信息。从这个意义上讲，各种科学技术实质上也是一种信息。狭义的信息则是指各种消息，它不包含知识在内。

不管人们如何去理解信息，但有一点是可以肯定的：无论是广义的信息还是狭义的信息，我们所处的时代是一个信息泛滥、信息爆炸的时代，无论你做什么，社会生活中到处充满着各种各样的信息。

在信息时代，各种各样的信息充斥我们的眼睛和耳朵。这里的信息，有有用的，也有无用的；有好信息，也有坏信息；有有价值的信息，也有毫无价值的信息；还有我们称为"信息垃圾"的东西。面对信息爆炸的情况，如何选择有用的信息，选择有价值的信息，这需要我们有较强的信息整合能力。[①]

生命是有限的，而信息可以说是无限的，如何用有限的生命去获取更多对生命、对人类社会有用的、有价值的信息呢？这需要信息整合能力。可以说，生命的刚强和伟大，生命的成功与超越，正是经历了艰难挫折和磨难，对各种各样信息最终作出了正确的选择，并进行优化组合、综合利用、加工创造。

（三）知识经济时代与信息整合能力

知识经济的基本特征，就是知识不断更新和创新，高新技术迅速产业化。如计算机的更新换代速度越来越快，通过互联网信息高速公路，知识信息整合越来越快。知识经济不是以物质产品为商品的，而是以知识的传播、增殖、应用作为它的产品的。因此，知识经济时代的人才的一个最重要的能力就是知识（广义的信息）的整合能力，这种能力就是能对知识筛选分析，优化组合，综合应用，并将知识进行加工创新增殖。从一定意义上讲，知识整合能力决定人类的未来，决定一个人的成功，决定一个团队组织的兴衰消亡。

二、大学生信息获取的途径与方法

当代大学生要获得信息整合能力，首先要了解信息载体的不同形式，信息载体的不同形式表现在以下几个方面：①口头语言载体，主要是通过人们之间的访谈、交谈的形式获得不同信息；②文字印刷媒体，主要是通过印刷载体如报纸、杂志、书籍等获得各种信息；③电子媒体，主要是通过电视、电脑、手机等电子产品来获得各种信息；④非语言媒介，主要是通过雕塑、绘画、音乐、漫画、身体动作等形式获取信息；⑤互联网络媒

①程秀霞.网络环境下加强大学生就业指导工作的思考[J].文教资料,2015(23):120-121+162.

介，主要通过互联网络等高新技术获得多种信息，这是一条很重要的信息获取途径。

对于大学生来说，最好带着问题去搜集各方面的信息，如果是专业问题，如何去占有详细的资料呢？首先，要了解有关报刊，到图书馆详细了解这些报刊上刊登的文章（包括以往年代的和现代的），这是一个重要途径，有条件的最好是了解中外文版的专业报刊上刊登的有关这个问题的论述文章。其次，借助学校的信息资源，通过互联网搜寻有关这一问题的信息资料，也可以搜寻学校的各大信息网络资源，充分了解和占有这些资源。最后，通过老师和导师的推荐，阅读有关专业理论文章和书籍。总之，如果发现某一问题，就要想方设法了解关于这一问题的各方面的信息资料，在广泛搜集阅读资料的前提下，再综合已有信息资料，提出自己的独特见解，并著文论述解决问题的途径和方法，进入论文创作阶段。这是科研的一条重要的、常用的途径和方法。当然，还有一条重要的途径和方法，那就是在实践的基础上，不断总结和提高自己已有的理论和方法。从书本上学到的理论和方法要到社会实践中去检验。

三、大学生信息整合能力的拓展训练

大学生信息整合能力的拓展训练，要遵循以下方法：①树立正确的思维方法，包括历史唯物主义和唯物辩证法、科学历史发展观、系统观等。②建立科学的价值观、人生观、道德观、科学技术观、艺术审美观等。③成为终身学习者，不断进行探究性学习。④努力学习和掌握计算机网络技术，通过先进技术和先进工具为个体和社会服务。⑤努力进行创新与创造，对已有的知识信息进行筛选分析、优化组合、加工创新与创造。⑥培养自己多角度的思维方法和兴趣爱好，从不同角度、不同关系中发现事物的价值属性，即多角度去思考同一问题，以求分析问题和解决问题。⑦通过多种方式方法去收集占有资料，充分利用校图书馆信息资料，以及其他方面的信息资源，借势借力，以独特的眼光去分析研究资料，提出解决问题的思路和方法、对策。⑧从现实生活实践中去积累各种活生生的信息资料，进行个案研究，将理论与实践密切结合起来，将理论、科研、产业市场密切结合起来，实现知识的增殖与实际应用。

第四节　大学生团队合作能力

一、团队合作的力量

（一）整体不等于各孤立部分之和

系统论原理告诉我们，在一个系统中，整体属性不会等于各孤立部分属性的简单相加。在一个开放的生命系统中，生命的本质特征绝不是从解剖学中了解到的生命各孤立部分属性的累加，活生生的生命是有血有肉的，而割裂解剖的东西就没有了生命、没有血肉。

一个生命的整体尚且如此，倘若几个生命合在一起，整体的属性更不会是各个生命的简单相加，整体的力量要么大于各个生命的力量之和，要么小于各个生命的力量之和。这里的关键是这个生命团队如何优化组合，生命个体与个体之间如何进行合作。合作得好，就能产生"1+1>2"的现象。

（二）团队合作的时代

如果说在农业时代是小家庭合作的时代，在工业时代是个人英雄主义时代，那么，在今天知识经济的时代则是推崇团队合作的时代。在当今时代，团队合作比以往任何时期都显得更为重要。一个团队要想取得最后胜利，靠的是团队合作的力量。

（三）团队合作精神

团队合作讲的就是一种精神，没有精神的团队毫无疑问是合作不成功的松散的团队，没有精神的团队是一个缺乏斗志、人心涣散、没有灵魂的团队，没有精神的团队最终会成为一个失败的团队。

二、如何做好一名团队队员

在一个团队中，作为团队中的一员应该如何与团队保持合作呢？以下几点是至关重要的。

（一）慎重考虑，认真选择

加入一个团队之前，首先要充分了解这个团队的目标任务，了解这个团队的背景及具体要求等。选一个正确的好的团队，选一个自己喜欢的团队，选一个符合社会法规要求的团队，这一点很重要。选自己喜欢的团队，调整心态，积极参加团队活动，以主人翁的态度与团队保持一致。[①]

（二）明确责权利，相互尊重，互相配合

在一个团队中，一个人要担负什么责任和义务，要遵守团队哪些纪律要求，拥有什么样的权利和利益，扮演什么样的角色等，这些都要了解清楚。懂得这些，有助于其在团队中发挥更大作用，队员之间互相尊重、互相配合、和谐相处。

（三）关心和爱护团队，常提合理化建议

一个优秀的团队中，每一个队员都很关心和爱护团队，任何有损于团队声誉和荣誉的事都坚决反对。因为大家明白这个道理，团队与自己是紧密联系的，团队发展了，自己也得到发展；团队失败，自己也会失败；团队成功，也就是自己的成功，可谓荣辱与共，甚至是生死与共。

常提合理化建议是关心和爱护团队的积极表现。当发现团队的缺点和不足时，如何改进？当发现领导和同事的工作缺点时，如何提醒？当团队碰到挫折和困难时，如何克服？如何让团队保持高昂的精神，达成团队的目标，完成团队的任务？这都要靠大家群策群力，创造性工作才能实现。

（四）坚忍不拔，勇于行动

认准了团队的奋斗目标后，需要的是坚韧不拔的毅力和勇于行动的胆量。

---

①郭欣.中国当代大学生就业能力培养研究[D].长春:吉林大学,2017.

（五）当好配角，在自己的岗位上尽职尽责

一个优秀团队，队员之间有不同的岗位分工，就像一支足球队一样，有守门的，有打前锋的，有打后卫的。然而，对团队来说，每一个位置都缺一不可，都是至关重要的，一个团队要想取胜，就要靠每个岗位上的队员尽职尽责，全队上下形成很强的斗志，团结一致，全力以赴，争取胜利。

三、如何组建和领导一个团队

一个优秀的团队，不仅要有优秀的队员，更要有优秀的团队领导。可以说团队领导的科学决策、正确指挥，直接关系到团队的兴衰和生死存亡。

（一）团队组建的运作规则

组建一支团队，要做到以下几点。

1.提出共同目标和愿景

作为一个团队的创建者，首先要在自己的头脑中思考这些问题：为什么要建这个团队？这个团队的目标和任务是什么？这个团队的基础和条件是什么？这个团队的发展步骤是怎样的？一年后是什么样？两年后是什么样？5年后、10年后又会怎么样？自己要构画一个团队发展目标和愿景，并且详细地描述出来，越清晰越好。

2.完美的团队制度和机制

作为团队的创建者，不仅要提出目标和愿景，还要制定团队制度和机制，比如团队的章程、工作制度、纪律制度、奖惩制度等，事先都要考虑详细，用文字表达出来。如果涉及经济利益，还要制定出财务管理制度；如果是公司组建，还要制定出员工工资制度、股东分配制度、财务制度、建立奖惩激励机制、人才引进激励机制等。这些制度和机制制定好后要在实践中定期修订和完善。

3.招募人才，聚集人才

在知识经济时代，人才的作用越来越突出。人才作为重要的人力资本参与市场竞争，其作用要比资金、物资等市场要素更为重要。正因为这样，全球人才竞争、人才争夺愈来愈激烈。在组建团队过程中，一个优秀的团队关键是要吸引一批人才。人才的聚集，人才的科学管理和使用，将直接决定团队的发展。

4.分工与合作，协调与沟通

团队组建后，队员之间如何分工，要建立岗位责任制、目标责任制，要根据队员的特长合理进行分工与合作，同时要经常进行有效的协调与沟通。

（二）团队领导的艺术

在一个团队活动中，就像一场激动人心的戏剧，有唱主角的，也有唱配角的。作为一个团队的指挥，当然是处于唱主角的位置，就像一个乐团的指挥一样。团队领导要具备的基本素质有：正直忠诚，爱憎分明，富有主见，胆大心细，热情待人，有感召力，工作认真严厉，善于学习创新，精于指挥协调等。

四、大学生团队合作能力培养的途径和方法

大学生在大学期间如何培养自己的团队合作能力呢？可以遵从以下几个方面的途径和方法。

（一）班级组织活动

一个班级就是一个团队，班委就是这个团队的领导层。可以通过竞选班委每年轮换一次，让更多的同学体验如何做好班干部；积极策划组织实施一些有趣的班级团队活动，比如体育比赛、文艺晚会、演讲比赛、各种学习竞赛、郊游活动、企业参观等；还可以策划组织班与班之间的联谊活动。只要大家有意识地培养锻炼，都可以得到多方面的收获。

（二）院系学生组织活动

一般大学各院系都有相应的学生组织，比如院学生会、院团委等，而

且学生会、团委干部每年都会竞选，大学生可以积极参加竞选活动，精心设计准备，全力以赴竞争上岗。如果有机会当上院学生会、院团委的干部，提升自己的团队合作能力的机会很多，站的高度和视角都不同，不仅合作沟通的范围更广，而且可以考验和提升自己的能力。

（三）学校学生组织活动

每所大学还有不少组织，比如校学生会、校团委，校学生会、校团委又设不少"部"，如文艺部、宣传部、外联部、组织部等。这些组织一般每年也竞选一次，有很多机会可以把握，能到这个层次的组织中"上岗"，那么学习和锻炼团队合作能力及其他能力的机会更多，涉及的面更广，接触的优秀人员更多，校内外关系更多，活动内容也更专业、更深刻。

（四）学校各部门开展的组织活动

在一所高校，各部门也会组织许多活动，不少活动是面向学生的，学生可以参加，比如毕业生就业工作部门每年组织举办的各种类型招聘活动、毕业生供需洽谈会、针对毕业生的就业技能方面的活动（如毕业生辩论赛、模拟招聘会、创业计划大赛等），教务处组织的各种学术论坛活动，后勤集团组织的美食节活动，学工处组织的星级寝室评比活动，学生活动中心经常组织的家教等勤工助学活动。

（五）双休日、节假日校外实践活动

利用双休日、节假日积极参加校外勤工助学、社会公益等实践活动，也是锻炼我们团队合作能力的一条重要途径。在一些企业、公司等组织中见习、实习，甚至打工，既可以增加一些经济收入，又可以增长见识，了解社会，更能亲身体验团队如何具体管理和运作。

（六）自己尝试创建团队

除了学校统一组织的各种团队活动外，大学生也可以尝试创建一个团队，比如创建一个某个领域的学习研究小组，创建一个校内网上购物中心、营销中心，创建某个文化沙龙、俱乐部等，还可以创办一个公司、一个创业实体。

第五节　大学生组织协调能力

一、组织协调能力的含义和作用

（一）组织协调能力的含义

组织协调能力是指一个人能按照一定目的将分散的或复杂的人或事物统筹安排、优化组合，形成一个新的系统性或整体的个性特质。

（二）大学生组织协调能力的重要作用

1.组织协调能力是事业成功的推进剂

在当今信息爆炸的时代，一个人要想事业取得成功，必须有效组织利用人、财、物、信息、技术、时间、空间等市场元素，尤其是要发挥团队的作用，今天的时代比以往任何时候都更需要组织协调。

2.组织协调能力影响就业待遇高低

由于市场迫切需要组织协调能力强的人才，因而组织协调能力在某种意义上可以决定工资待遇的高低，组织协调能力越强往往工作报酬就越高。

二、组织协调能力的表现特征

组织协调能力强的人，在实际行动中表现如下鲜明的个性特征。

（一）工作计划性强

在实际工作中，考虑问题细致周密，从头到尾计划性强是组织协调能力强的人的一个具体表现。

（二）情况了如指掌，组织协调得心应手

组织协调强的人，在做任何一个计划之前，往往很注重各种情况的调查研究，做到知己知彼，对单位内外的各种要素很了解，并且善于组织协

调，调动各方面积极因素，去努力达成一个计划好的目标。^①

（三）做事雷厉风行，胆大心细，一旦决定马上行动

在作出决策之前三思而后行，但一旦决策绝不拖延，"今日事，今日毕"，这正是组织协调能力强的人的又一鲜明特征。

三、大学生组织协调能力的训练途径和方法

（一）大学生组织协调能力的培养途径

大学生组织协调能力的形成，有先天因素，更要有后天有意识的培养，其途径一般有以下几条。

1.家庭环境与组织协调能力

一个人的组织协调能力的高低，家庭环境的影响是比较大的。在一个多子女的家庭，长兄或长姐，往往表现出较强的组织协调能力，这是从小父母培养的结果，因为做什么事，组织什么活动，父母往往将任务下达给老大、老二，然后由老大、老二去组织协调弟弟妹妹们完成任务。在独生子女家庭，如果父母平时有意识地培养小孩组织协调能力，那么小孩则往往表现出众，办事稳重，善于团结和带动其他小朋友一起去完成某项任务。

2.学校环境与组织协调能力

一个学生在家庭环境中没有得到良好教育和启蒙，如果在一个教育质量好的学校，同样能够培养组织协调能力，这里的关键是教师，特别是班主任的教育和培养。有些学生经常担任班干部，受到锻炼机会比较多，往往更自信，更胆大，有较强的组织协调能力。有些学生尽管没担任班干部，但积极参加学校组织的各种文体活动、社团活动等，锻炼自我的机会多，因而也能培养出良好的组织协调能力。

3.社会实践与组织协调能力

一个人的组织协调能力如果在家庭、学校都没有得到良好的培养，那

---

①王峰.基于供需耦合的大学生就业能力结构优化及实证研究[D].徐州:中国矿业大学,2018.

只有到社会实践活动中去加强锻炼了，当然付出的汗水和代价更大。社会实践同样是一所好学堂，你只要用心去学、用心去做，就一定会有收获。"实践出真知"，一个人能力的大小，最终都必须到社会实践活动中去检验、去表现、去超越。从生命实践的角度来看，当代大学生要培养自己的组织协调能力，必须遵从家庭培养、学校教育、社会实践这三条重要途径，并要将这三条途径有机结合起来。

（二）大学生组织协调能力的训练方法

1.勇于参加"竞选"，争当各级"干部"

学校应重视班级组织活动以及学生会、团委的社团活动。为了让更多的学生当班干部，让更多的学生得到更多的锻炼，各级"干部"最好是每年改选一次，各级协会组织"领导"也都要每年改选一次。

2.培养兴趣爱好，积极参加文体活动

有意义的活动都是生命本质的展现，是快乐人生的一部分，是走向成功的脚步，是生命的权利。任何人都不能妨碍生命活动的展开。现实生活中许多教师、班干部、管理者因为怕出事、怕麻烦、怕劳累，非但自己不积极组织，甚至限制学生开展有意义的生命活动。传统学校教育以教师为中心，以书本为中心，以黑板为中心，对学生的素质培养和各种能力训练极为不利，以致高校培养出来的大学生难以适应市场经济体制下的工作和生活。

3.加强社区联合，重视社会实践

大学生组织协调能力的培养锻炼，还有一种很重要的方式，那就是积极参加校外勤工助学、见习、实习、青年志愿者等活动。一方面，高校要积极创造条件，灵活安排教学计划和时间，主动与社区联络沟通，为学生提供社会实践机会。另一方面，大学生要主动走出去，了解社会，观察社会，调查分析社会，锻炼和提高自己的能力，最好的办法是自己参与社会劳动，勤工助学，半工半读，或者参加青年志愿者活动以及社会公益活动，尽量体验生活，学以致用，理论联系实际，将学习、理论、实践有机统一起来，让生命之树在社会实践中常青，让生命的活动在实践中闪耀出动人的光芒。

第四章　大学生就业的新选择——创业

第一节　大学生创业概述

一、大学生创业的素质和能力

创业是一项颇具挑战性的事业，不仅对专业知识要求很高，而且对人的素质要求也很高，尤其是创业素质。创业素质是创业者成功创业的基础和前提，大学生只有具备了一定的创业素质，才能有可能成功创业。

创业素质是指在人的心理素质和社会文化素质基础上、在环境和教育影响下形成和发展起来的，在社会实践活动中全面地较稳定地表现出来并发生作用的身心组织要素结构及其技术水平。它是知识经济社会人才素质的重要内容，是制约创业实践活动最终达到创业目标的不可或缺的主体因素。创业素质主要由四个部分组成：创业意识、创业知识、创业能力和创业品质。创业素质可分为五种素质：个性素质、智力素质、文化素质、心理素质、身体素质。

（一）大学生创业素质和能力存在的缺陷

1.创业能力不足，创业经验匮乏

创新创业也是一种能力，并且可以通过后天学习和培养获得。当前高校的教育教学，还是以文化课和专业课为主，对大学生创业能力的培养则相对匮乏。例如，很多高校虽然开展了职业生涯发展规划，但是存在形式化问题，并没有结合每一名大学生的兴趣爱好、专业特长等制定个性化的发展规划和培养方向。在这种情况下，大学生的创业能力不足，在创业道路上必然会遇到重重阻力。另外，创业其实跟就业类似，都需要大学生有一个实习的阶段，积累一定的经验。就创业而言，可以让学生多听一听创业者的讲座，或是向创业成功的师兄、师姐借鉴经验。而实际上，很多大学生都是在准备不足、经验匮乏的情况下直接创业，成功率自然不高。[①]

2.大学生创业精神缺失

对于任何创业者来说，既然选择了创业这条道路，就必须做好面对挫折、迎难而上、吃苦耐劳的准备。这既是创业者必须具备的素质，也是提高创业成功率的基础。但是对于大学生来说，他们从小生活在优渥的条件中，从小有家长、教师的帮助，很少独立面对问题，缺乏创业必需的冒险精神、吃苦精神、创新精神。例如，很多大学生在创业初期，由于知名度不高，都会面临客源稀少、盈利不高的问题。与此同时，看到原来的同学已经顺利就业，自己的创业信念也开始发生了动摇。没有一以贯之、背水一战的创业精神，大学生创业者也很难在创业道路上走得更远。

3.盲目创业，跟风创业

时下大学生创业已经成为一种趋势。这一方面确实是受到严峻就业形势的影响，另一方面也与媒体的夸张宣传、大学生自我认识不到位有关。例如，媒体总是喜欢报道那些成功的创业者，对于那些失败的创业经历却鲜有报道。

这种"幸存者偏差"会让大学生产生一种错觉，即创业是一件简单的、成功率极高的事情。因此，许多大学生盲目跟风创业，在并没有提前做足

[①]柏豪.高校层次对大学生创业的影响因素研究[D].北京:北京科技大学,2019.

准备，甚至没有做好创业规划的情况下贸然创业，结果自然也是失败居多。除此之外，创业失败的大学生，还容易产生自我否定的心理状况，这对于大学生今后的成长与发展也是不利的。

（二）大学生创业素质和能力的培养途径

1.高校应成立专门的创新创业教育基地

考虑到绝大多数大学生的创业基础薄弱，高校方面必须投资建设专门的创新创业教育基地，如大学生创业园、创业人才孵化基地等。同时，聘请一些知名的创业企业家，以及从该校毕业且成功创业的学生，定期到学校组织开展创业讲座，可以讲讲他们的创业经验、创业道路上的坎坷历程，也可以向学生传授一些创业必备的精神、技能等。这些创业成功者的现身说法，除了能够进一步激发大学生创业激情，也能够使大学生从讲座中积累创业经验。

2.在日常教学中培养学生创新创业精神

创业素质的培养和创业能力的提升，还要融入高校各个学科的日常教学中，达到潜移默化的教学效果。例如，在高校思政课中，教师要结合"择业与就业"等课程，开展大学生创业能力培训，让大学生对创业问题有更加深入和全面的了解。另外，专业课教学也是开展大学生创业能力和创新素质培养的有效渠道。要注意结合各个专业的特点，以及专业创业趋势、创业前景等开展针对性的教育。通过提升学生的专业能力，让学生在创业过程中具备更加扎实的基础。

3.为大学生搭建便利的创业平台

学校方面要为学生的创业提供更加便利的条件，为学生创业提供一个广阔的舞台，增加大学生创业的试错机会。例如，利用学校的创业人才孵化基地，可以先让大学生在校内创业，一来是校内创业规模较小，学生前期投入的时间和精力不会太多，目的是让学生对创业有一个初步的认识；二来也能够让该校的一些教师提供专业的指导，让创业学生从"站起来"逐渐成长到"跑起来"。在校内创业平台上积累了足够丰富的经验，学生在进入社会后才能应对创业中各种复杂的环境和来自各方面的挑战，在提高个人创业能力与创业素质的基础上，显著提高创业成功率。

4.社会各界为大学生创业营造良好环境

大学生就业难是一个社会性问题，大学生创业作为解决就业难的一种有效方法，自然也要得到社会各界的支持。目前对于大学生创业，政府层面已经提供了各种政策和福利，如大学生创业时可以享受小额免息贷款。社会各界也要力所能及地为大学生创业提供良好的环境氛围，如同行业内避免恶意竞争，营造一个公平有序的业内环境，可以促进大学生创业项目的健康成长。

二、大学生创业的压力

从"小世界"走向"大社会"的大学生创业者，希望通过创业提升生活质量，提升生存层次，但是自身、企业及外界带来的压力使得大学生创业群体的生存现状不容乐观。

（一）压力现状

1.自身角色冲突，压力释放渠道局限

大学生创业者在知识阶层中已经具有较高的地位，而在创业者中则往往处于"底端"，这样的角色冲突使他们面对很多的不理解、不支持。很多大学生创业者表示，独自支撑的孤独感往往会成为最容易动摇的原因，一旦坚持不下去，创业就此结束。此外，来自家庭和亲友的阻力也让他们更加彷徨。很多创业者在创业初期便感受到因家人朋友不支持而带来的压力，有的创业者甚至会因此选择瞒着家人创业，长期承受着心理上的压力。

2.企业效益不高，经济压力较难缓解

随着市场竞争强度的不断增大，知识更新与技术交替不断淘汰缺少创新点的"低能企业"。很多大学生创业者表示其软肋就在于没有自己的核心技术产品，缺少核心竞争力。另外，多数大学生创业者市场经验不足，对消费者需求的变化缺少及时的捕捉与预测，基础创业资金难以同时兼顾产品推广和产品创新两个方面。[1]

---

①申广军,姚洋,钟宁桦.民营企业融资难与我国劳动力市场的结构性问题[J].管理世界,2020,36(02):41-58+217.

3.外界支持不足，持续发展存在压力

大学生创客群体企业规模小，生存空间有限，绝大多数都处于社会的中下阶层。在民营企业主群体中，由于大学生社会阅历浅、人脉关系薄弱、企业经营经验少，属于弱势群体，在社会层面得到的支持较少。社会对创业群体的评价标准仍然是创业结果的成功与否，对大学生创业者往往持审视和观望的态度，支持平台不足。

（二）大学生创业压力缓解对策

大学生创业者在促进企业发展进程中已成为难以分割的中坚力量。他们的企业从小团体慢慢地成为具有广泛影响力的大群体。这个过程体现出他们的充沛精力以及创新能力，将推动中国未来经济快速发展。因此，社会各方有必要为大学生创业者的生存压力提供合理的减压措施，为大学生创业者的健康发展提供足够的空间和平台。

1.政府的支撑和关怀

创新能力是创业队伍的基石，但是创新能力的培养与技术、融资、市场、信息、社会关系等多个方面有着密不可分的联系。有效且包容性强的舞台能够化繁为简，将冗杂事务归为规范化的体系进行管理，以达到使创业者拥有更自由的创业空间的目的。"创客空间""科技园区""孵化器"等现实中的舞台，加上电子商务、社交网络等虚构的空间，是创客们进行实践的平台。在这里，创业者肩负经济、社会和科技创新等各方面的责任。从政府角度来看，政府对于大学生创业者的支持力度决定了大学生创业者的发展程度。创业环境和政府政策支持对于大学生创业者尤为重要。政府应在营造公平竞争的优良环境、普及创客文化、完善创业平台、推出政策支持等方面发挥作用，从而确保大学生创业者在从创意到市场或社会的整个链条内能够畅通无阻。

2.理性的自我提升

在不断的实践挑战中，大学生创业群体越来越认识到在复杂多变的社会环境中提升自身能力的重要性。

首先，做好充足的知识储备。大多数的压力源是由于大学生创业者匮乏的知识储备导致的。有志于创业的在校大学生应该不断积累知识及实践技能，在创业教育和专业教育上进行合理分配，既要认真学习专业知识，也要积极接受创业教育，培养自己的跨学科思维。

其次，不断提高心理抗压能力。理性看待成败，注重过程收获，在面临创业困境时，要冷静思考、理清思路、从容应对，这是创业者所必须具备的能力，也是大学生创业者成功的重要基础。

最后，突破惯性思维，在压力中寻找自身的最佳状态。通过不断深入社会实践，捕捉商业信息。比如在互联网发达的时代，大学生可以通过新媒体等工具对市场动态及市场商机进行分析，制订周密的创业计划，从而利用互联网平台实现创业的可能，达到宣传推广自己的产品或技术或创意的目的。端正自己的心态，提高科学规划能力、个人应对挑战的能力和抗压能力。

3.差异化引导

差异化引导是根据实际情况给予创业者以适宜的引导。因为区域的差异、行业的差异、环境的差异、动机的差异，创业的压力各有不同。大学生创业者在选择创业领域时，主观性较强，更关注自己感兴趣的领域，所以大学生创业者面临的压力也具有不同特性，需要做差异化引导，这样才可提高创业的成功率。

因此，降低大学生创业群体的融资门槛，削弱准入、管理和监控等各种限制，逐渐营造出充满活力的创新氛围，才能为全社会创造力的激发奠定坚实的制度基础。特别是对大学生创业初期的企业，更需要政府给予创业贷款、政府采购政策支持等立体式扶持，"扶上马，再送一程"，才能缓解一定压力，使大学生创业者稳定发展。

同时，大学生创业者创业成功的案例有助于大学生创业者心理压力的缓解。因此，政府应该在全社会大力宣传创客精神、文化及先进事迹，营造积极向上、敢于开拓的良好环境；通过发展民间和社区的创客组织，开展"创客嘉年华""创客沙龙"等活动，为大学生创业者提供交流平台，发掘一批创客典型，利用榜样的力量来安抚大学生创业的焦虑情绪，激发大学生的创业热情。

三、大学生创业的法律风险

（一）大学生创业面临的法律风险

1. 组织形式选择的法律风险

创业者，首先需要依照法律规定的条件和程序，选择特定的组织形式，获得市场中的合法主体资格。

不同的组织形式对创业的影响体现在风险责任、决策程序、融资需求、利润分配等方面。个体工商户和个人独资企业，设立程序简易、结构简单并且决策迅速，但是其并不具有独立的法人资格，创业者需对债务承担无限责任。合伙企业无注册资本限制、登记注册方便并且税收负担较轻，但合伙人之间需要承担无限连带责任，具有一定风险。有限责任公司以股东认缴的出资额承担有限责任，法律风险相对较小，但其设立规范更严格且税收负担较重。因此，创业者要根据自身实际情况，选择合适的组织形式。[①]

2. 企业经营过程中的法律风险

（1）合同关系法律风险

大学生在创业过程中要进行买卖合同、借款合同与租赁合同的签订。签订合同的法律风险是大学生创业面临的重大风险。一是合同内容不得违反法律法规、不得违背社会公序良俗、不得损害国家与社会公共利益；二是合同担保的法律风险，对保证、抵押等担保方式如果采用不当，为他人设定担保而导致企业承受额外的债务负担；三是合同形式问题，需注意签订书面合同时，合同文本规范与合同内容需具体明确。

（2）劳动关系法律风险

大学生创业者在用工管理的过程中，无论是招录、订立劳动合同、员工日常管理还是解除劳动合同，都必须符合法律的规定。大学生创业初期

---

①刘军. 我国大学生创业政策体系研究[D]. 济南:山东大学,2015.

规模较小，容易忽视劳资关系的处理，没有建立规范化的规章制度。在企业经营过程中招聘信息中有歧视性内容、未及时签订书面劳动合同或者随意解除劳动关系等，都会使企业面临劳动纠纷，给大学生创业带来巨大的法律风险，造成经济损失并影响企业声誉。

3.企业终止遭受的法律风险

企业终止是指企业主体资格的消灭。企业终止后，要按照相关法律办理注销登记。企业终止面临的法律风险为诉讼风险与债务清偿。企业存续期间的纠纷并不因企业终止而解决，并且选择合伙企业和个人独资企业的创业者，承担的无限责任不会因企业终止而免除。

（二）大学生创业法律保障的相关对策

1.加强政策扶持，完善法律保障

近年来，我国政府大力倡导"大众创业，万众创新"。创业是一项需要国家和社会支持与帮助的系统工程。政府可加强政策扶持，鼓励大学生开展创业创新项目，并给予一定的经费支持。同时可面向创业大学生开展创业普法宣传、提供法律咨询服务等。

大学生缺乏创业经验，为此政府也可为其创业建立完善的法律保障。基层政府可以通过对大学生在创业中的政策引导，为其搭建法律业务咨询和调解的平台，为大学生创业提供全面的法律服务。针对创业过程中出现的法律问题，可以通过法律服务平台进行解答，提供法律咨询、诉讼指导等法律服务。

2.构建法律防范教育体系

大学生创业需构建法律风险防范教育体系，高校应根据创业教育的需要，探索法律教育的创新性改革，强化学生法律意识。

高校可利用微博、微信公众号等平台，加强对大学生创业的法律宣传和推广工作，通过发布最新的创业法律风险案例及相关知识，建构创业法律教育与风险防范课程体系。高校也可开设创业类公共选修课，利用超星等课程资源在创业教育课程内设置创业法律知识模块，将创业法律知识传授给创业者。

3.提高大学生创业法律风险意识

强化法律风险防范意识，创业是一种具有风险的商业活动。因此大学生应加强创业法律知识学习，提高创业法律风险应对能力。大学生应充分学习与创业有关的法律知识，在选择创业组织时根据自身实际情况选择适宜的组织形式。强化法律风险意识，提高应对法律风险的能力，实现企业的良好运转。

四、大学生创业的融资问题

（一）创业融资渠道

融资渠道指企业筹集资金的方向和通道。大学生创业，多数情况下可能只是拥有一个好的创意，没有成熟的产品，存在较大风险和不确定性，可供选择的融资渠道相对来说比较少。

1.合伙融资

合伙融资指合伙创业者共同出资、按出资比例约定各自所占股份。合伙创业者做好每个人的分工，对各自的责任和权利作出明确的说明。

合伙融资的优点：合伙人之间按照股份份额出资，共同经营合伙企业，按照各自出资的份额分享利润、分担压力和风险。这种渠道一般会制定公司章程，有制度和法律的保障，一般来讲纠纷比较少，融资周期也较短。这是当代大学生创业者选择最多的融资渠道之一。

合伙融资的缺点：决策过程需要合伙人共同决策、达成一致，这可能会影响决策的效率。合伙人可能在权力分配、发展战略、经营决策等方面出现分歧，从而导致矛盾。

2.亲情融资

亲情融资指创业者向家庭成员或亲朋好友筹集创业资金。

亲情融资的优点：资金一般一次性支付，资金筹集速度较快。一般不需要承担利息，融资成本低、风险比较小，而且不需抵押和记录信用记录。

亲情融资的缺点：向家庭成员或亲朋好友借钱创业，如果创业失败导致无法按期还款，可能会给亲友带来资金的风险，进而影响和亲朋好友的感情。

3. 商业银行贷款

商业银行贷款指借入有期限有利息支出的款项。但创业企业风险相对来说较高，评估其价值也较困难，商业银行一般不太愿意承担较大的风险来提供这类贷款。而且这类贷款一般需要创业者提供担保，比如抵押、质押、第三人担保等，创业企业一般较难获得。但是如果家人支持，创业者可用家中房产作抵押取得商业贷款，这种贷款可将其规划为创业启动资金。另外，近年来，有些中小商业银行推出专门面对创业企业的创业贷款。

商业银行创业贷款的优点：商业银行创业贷款利率一般比较低，而且有些地区还有一定的补贴。

商业银行创业贷款的缺点：有很高的申请门槛，对申请者的要求很严苛。

4. 政府扶持基金

政府扶持基金指政府提供的各种和创业有关的基金。一是通过申报各高校的创新创业项目从而获得基金资助。二是申报国家各类创业基金。三是在校大学生可参加各种大学生创业大赛来获取创业的原始启动资金。

政府扶持基金的优点：免费。

政府扶持基金的缺点：由于政府每年的投入有限，而大学生创业的风险大利润薄，且人数又众多，因此这种扶持基金的申请都有严格的门槛要求，竞争比较激烈。

5. 众筹融资

众筹融资指创业企业发起人通过众筹平台的身份审核后，在众筹平台建立自己的项目页面，获得众人投资的融资渠道。众筹的平台主要有京东众筹、淘宝众筹、苏宁众筹等。

众筹融资的优点：低门槛，依靠大众力量，融资速度快，注重创意，具有互联网创新意识，利用互联网进行创业项目的营销传播。

众筹融资的缺点：门槛较高。目前相关法律还不是很完善，有一定的安全风险。

6.风险投资

风险投资是由风险投资机构投入的一种权益资本。风险投资机构属于金融中介，是风险投资的参与者和实际操作者，同时也分享收益、承担风险。风险投资是一种高风险（很可能血本无归）、高回报（如若成功可获超高额回报）的股本投资。网易、百度、阿里巴巴等公司都在创业阶段获得过风险投资的注资。

风险投资的优点：融资的资金量较大，可以有效解决创业资金缺口，还可以借助其完善公司财务与内部管理。

风险投资的缺点：门槛高，较难取得，对创业企业自身的条件与发展前景要求高。目前大部分大学生创业项目技术含量不高，市场竞争力不强，难以引起投资者的关注。而且获得风险投资要经过较多的沟通谈判、难度大、周期一般也较长。

以上综合介绍了大学生创业融资渠道的特点以及各自的优缺点。创业者可以根据具体情况选择合适的融资渠道。目前，大学生创业者选择最多的融资渠道是合伙融资和亲情融资。

创业企业可以根据企业自身的情况采取一些融资策略来助力企业获得融资。

（二）大学生创业融资难的原因分析

1.政府层面

银行的资金支持规模大，是构建大学生创业融资体系的重要环节：一是根据大学生初创期资金需求"金额小、次数多、时间急"的特点，针对性地推出大学生创业融资贷款服务，发放小额信用贷款或是小额担保贷款。二是缩短决策的链条，减少不必要的手续。银行可给予分支机构更多的审批权限，缩短决策的链条，加速满足大学生的资金需求。三是制定或完善对大学生创业项目的评级标准，根据创业项目的评级给予贷款，将对创业者本身的信誉要求转向对创业项目的要求上适当降低贷款的门槛。

政府政策性融资是大学生创业融资的重要来源，然而关于大学生创业融资资助政策介绍过少，大多数大学生对于政府相关资助政策并不了解，使得政策不能落到实处，不能发挥根本性作用。

2.社会层面

（1）银行贷款条件苛刻、门槛高

银行贷款往往需要贷款者有良好的信誉保证，这对于刚走出校门的大学生来讲，确实很难形成强有力的信誉保证，社会上也缺乏一定的风险保障机制为大学生进行信誉担保，加上大学生创业项目风险较高，导致大学生创业项目难以得到银行的青睐。

（2）信息不对称

信息不对称限制了企业的资本结构和融资方式。虽然大学生作为创业者对自身创业项目的未来收益具有明确的评估，对企业经营运作有清晰的了解，但对于投资方而言，由于信息不对称，他们难以对该项目有明确的评估，也难以衡量风险与收益，导致投资方会更加谨慎看待创业者提供的预估财务数据，一定程度上限制了融资的规模。

3.高校层面

高校缺乏对大学生创业融资的培训和指导。虽然开设了创新创业训练课，但是绝大多数承担该课程教学任务的老师缺乏创业实践经验，因此讲授内容很难从实践操作层面上，特别是融资方面给予大学生创业指导。目前高校招生与就业中心的工作重心仍是毕业生的就业问题，缺乏对大学生创业的指导和配套服务，特别是在创业资金扶持方面做得还不够好。

4.创业者个人层面

大多数大学生创业者缺乏企业管理能力，造成资金利用的低效率和浪费，影响投资者的积极性，进而导致大学生创业投资环境的恶化；部分大学生缺乏技术，创业项目壁垒低、易复制、失败率高，难以获得投资者的融资；大学生缺乏社会声誉以及社会资源，不善于整合资源和按照自己的项目制定对应的融资方案，拓宽融资渠道。

（三）政策建议

1.完善相关法律法规

广泛听取社会的意见，特别是大学生创业群体的意见，了解他们的现实需求，针对他们的切实需求结合实际完善或制定相应的法律法规，从根本上解决大学生创业者的需求，推动大学生创业。

2.加大政策宣传力度

加强与高校的合作力度，加大宣传力度，为大学生解读创业优惠政策，阐明申请优惠贷款所需要具备的条件和申请流程等，使得大学生清楚了解到他们能够享受什么优惠、如何享受优惠，进而能降低申请成本，提高申请效率，也能使得政策真正落到实处，发挥实质性作用。充分利用网络资源进行政策宣传，如在网页上开设专门的创业服务栏目进行政策宣传，利用公众号等新媒体宣传大学生创业优惠政策，让政策真正能够惠及整个大学生创业群体。

3.加强政策执行力度

进一步优化大学生创业相关条例，简化优惠申请流程，尽量做到"最多跑一次"，开通网上服务平台，使得大学生可以在网上申请享受优惠政策，节约时间和交通成本。制定具体的实施办法，落实到各个相关部门，对相关业务员进行岗前培训，业务员也需要总结经验，提高业务能力。

第二节　大学生创业的时代背景

一、社会进入互联网时代

（一）世界经济步入大数据时代

自2012年开始，大数据以及大数据时代等概念进入人们的生活，成为备受关注的经济话题。

所谓大数据时代，是指随着互联网的发展和云计算的产生，数据渗透到当今世界的每一个行业和业务职能领域，已经成为重要的生产要素，庞大的数据资源使不同的领域开始了量化进程，无论是学术界、商界还是政府机关，几乎所有领域都开始了这一进程。人们对海量数据的挖掘和应用，预示着新一波生产率增长和消费者盈余浪潮的到来。大数据时代带给创业哪些影响呢？

首先，数据挖掘和应用本身就成为创业的重要领域。如阿里巴巴集团在经营淘宝、天猫等网络交易平台，支持众多中小企业完成网上交易的过程中，也积累了大量消费者信息数据，对这些数据的挖掘成为重要的新型商业领域。①

其次，重视商业数据的积累成为创业企业获得核心竞争优势的重要内容。由于数据成为重要的生产要素，现代经济的很多规律均体现在庞大的商业数据之中，如果不掌握这些数据，最终将难以获得核心技术知识，进而失去核心竞争力。

因而，未来国际创业环境中具有决定性作用的不是生产什么产品，提供什么样的服务，而是有关生产与服务的数据集聚在哪里。

（二）互联网成为创业国际环境中最重要的物理支撑

网络对人类社会的生产及生活方式造成重大影响，然而这种影响还远远没有结束，特别是随着移动互联网的快速发展，网络化仍然在以飞快的速度向更多经济领域拓展，成为影响创业的重要因素。

首先，网络在实体经济领域的拓展性应用，成为当今创业的重要领域。除了我们已经熟知的网络销售、网络书店等业务外，一些传统服务领域辅之以网络也实现了升级和发展。其次，网络技术本身的不断发展和升级，开辟了许多新的创业空间。

互联网，特别是移动互联网将成为当代创业国际环境中重要的物理支撑。哪里网络发达，哪里就将成为创业最为肥沃的土壤，哪里就将孕育更多的企业。

---

①张晓.基于"互联网+"时代背景的大学生创业研究[D].重庆:重庆大学,2019.

二、社会进入知识经济时代

如今的经济是世界经济一体化条件下的经济，是以知识决策为导向的经济，它促使我们对身边发生的一切事物重新审视与认识。知识经济形态是科学技术与经济运行日益密切结合的必然结果，是经济形态更人性化的表现。

知识经济就是以知识运营为经济增长方式、知识产业为龙头产业、知识经济成为新的经济形态的人类社会经济增长方式与经济发展模式。

知识经济，也被称作智能经济，指的是建立在知识和信息的生产、分配和使用基础上的经济。它是和农业经济、工业经济相对应的一个概念。

这里的以知识为基础，是相对于现行的"以物质为基础的经济"而言的。现行的工业经济和农业经济，虽然也需要用到知识，但是这些经济的增长主要取决于能源、原材料和劳动力，是以物质为基础的经济。

知识经济是以人类的知识，特别是科学技术知识累积到一定程度，以及知识在经济发展中发挥的作用增加到一定比重的历史产物。同时也是信息革命导致知识共享、能够高效地产生新知识的时代产物。

（一）知识经济的特点

1.知识经济是以新科技革命为依托的信息化经济

以往工业经济的发展和繁荣直接取决于资本，资源，硬件技术的数量、规模和增量，片面追求产品技术的极致和单一商品生产规模的最大化。而知识经济直接依赖于知识或有效信息的积累和利用，将知识作为追求发展的内在驱动力，强调产品的数字化、网络化和智能化。

2.知识经济是以高科技人才为核心的人才经济

现代国际竞争是综合国力的竞争，其关键是科学技术特别是高科技领域的竞争，而其中起决定作用的核心因素是人才的竞争。近年来，国内外一些高科技企业，无论是美国著名的微软公司，还是中国驰名的阿里巴巴、腾讯、百度，它们之所以能够异军突起，高科技优秀人才起到至关重要的作用。

3.知识经济是一种创新经济

这种创新绝非传统工业技术的简单创新，而是建立在最高科技成果基础上的、在一系列新兴领域的开拓与创造。这些领域具体包括信息科学技术、新材料科学技术、空间科学技术、海洋科学技术、有益于环境的高新技术和管理软科学技术等高新技术产业。

4.知识经济是真正意义上的全球一体化经济

全球信息网络的开通及进一步发展，不仅使全球信息资源共享成为可能，而且随着信息技术的发展，必将为整个人类社会充分利用和共享信息资源提供更为快捷的手段和更为广阔的空间。

（二）知识经济时代创业活动的功能

知识经济时代的创业具有增加就业、促进创新、创造价值等功能，同时也是解决社会问题的有效途径之一。

1.创业是科技创新的扩容器

知识经济只是在一定程度上改变了就业的方向和结构，而不可能自动解决就业问题。事实上，新创企业可以通过提供岗位、服务社会来带动就业。创业型中小企业更是发挥了重要作用，创造了大部分就业机会，尤其是在大企业进行裁员时，中小企业在稳定就业方面起着越来越重要的作用。大学生创业一方面解决了自身的就业问题，另一方面也解决了社会人员的就业问题。全社会广泛的创业活动，有利于解决社会就业问题，促进和谐社会的建立。

2.创业是科技创新的加速器

知识经济时代的创业更可以实现先进技术的转化，推动新产品或新服务的不断出现，创造出新的市场需求，进一步推动和深化科技创新，从而提高企业或是整个国家的创新能力，推动经济增长。创业是新理论、新技术、新知识、新制度形成现实生产力的转化器，新建立的企业要想在激烈的市场竞争中站住脚，就要使用先进的生产技术，采用科学的技术手段，因此创业可以加速科技的创新。

3.创业是经济发展的原动力

在知识经济时代，不论是在发达国家，如美国、英国，还是在发展中国家，如中国，创业都是一个国家经济发展中最具活力的部分，是国家经济发展的原动力。我国改革开放以后，国家实行市场经济，积极支持个人投资兴办企业，新创办的中小企业成为我国新的经济增长点，对我国经济持续高速增长，以及促进我国的城市化进程和现代化建设，都起到了重要的作用。

4.创业是社会进步的推动器

创业活动促进了社会经济体制的改革和深化，繁荣了市场，丰富了人们的生活，提高了人们的生活质量，促进了社会稳定和谐，是实现共同富裕的有效途径。创业还可以激发整个社会的创新意识和创新精神，有利于社会文化、观念的转变。此外，创业使无数人进入了社会和经济的主流，对社会形成创新、宽容、民主、公正、诚信等观念和文化具有积极推动作用。

（三）知识经济时代创业的关键要素

在知识经济时代，知识已经取代传统的有形资产成为支撑竞争优势最为关键的资源，科技创新因此成为这一时代创业活动的大趋势。在动荡复杂的竞争环境中，知识要比其他资产具有更快的更新和淘汰速度，因此，优秀的创业者还需要及时而有效地将创新成果转化为商业价值，如此才能在多变的环境中保持持续的优势地位。知识经济时代创业有如下关键要素。

1.持续创新，拥有自主技术

在全球化环境下，信息、技术和人才成为新创企业的关键因素，也是企业间竞争的焦点，特别是通过对技术和知识产权的占有，使其在市场上获得竞争地位并控制市场。金融危机后，世界范围内的经济转型和资源重组为知识经济背景下发展中国家的企业实现跨越式反超提供了机遇，创业者唯有勇于承担风险和持续创新，才能获得核心竞争力和后续发展的动力。

2.技术引领市场，挖掘潜在需求

在知识经济条件下，创业者需要学会利用独创的知识来开发新产品、挖掘潜在需求，而不是仅仅为了生存而瓜分和扩大现有市场。潜在需求中的需求是企业通过技术引领所创造的。例如，苹果公司在推出 iPad 之前，大多数人不知触屏电脑为何物，更别说需求。而苹果公司依靠其先进的技术、一流的设计，跟踪用户需求，推出了更便于携带与适用的全触屏电脑 iPad，并迅速引发需求狂潮。挖掘潜在需求，要求创业者必须兼具敏锐的洞察能力和强大的创新能力。从个体角度看，挖掘潜在需求的创业者在这一新领域避开对手，很容易成为引领者并获得创业成功；从整体角度看，挖掘潜在需求能够开发更大的市场，创造更多的就业机会，更好地推动社会经济发展。

3. 兼容并蓄，快速改革

知识经济时代的知识具有信息量大和淘汰速度快两大特点。单个创业者很难拥有所需的全部知识。面对全球化进程下越来越激烈的竞争环境，唯有兼容并蓄，以开放的心态进行广泛的知识合作，才能获得创业前进中所需要的源源不断的动力。创业者还需要拥有乐观积极的态度，视变化为机遇，把握市场方向和需求，抓住变革的方向和节奏并予以快速响应，才能在不断变化的环境中取得成功。

4. 全球化的胸襟与眼光

我们身处在一个全球化的时代，一旦选择创业，那么无论愿意与否，客观上都不可避免地卷入一场全球化的竞争。因此，拥有全球化的胸襟与眼光显得尤为重要。具体表现在两个方面：一是要有融入全球化的勇气。即使处在创业初期，这份勇气也尤为重要，因为机会面前人人平等，只有拥有全球化的勇气才能抓住全球化的机会。二是要有全球布局的思维。如今，通过网络手段，来自全球的潜在顾客都有可能成为目标客户，而世界各地的货源也有可能成为自己的创业资源。创业者需要运用全球化的思维对不同市场采取不同的战略以整合全球资源。

三、创业政策良好

对于大学生自主创业，国家制定了很多优惠政策，具体如下。

（一）税收优惠

持人社部门核发的就业创业证的高校毕业生在毕业年度内（指毕业所在自然年，即1月1日至12月31日）创办个体工商户、个人独资企业的，三年内按每户8000元为限额依次扣减其当年实际应缴纳的营业税、城市维护建设税、教育费附加和个人所得税。对高校毕业生创办的小型微利企业，按国家规定享受相关税收支持政策。

（二）创业担保贷款和贴息

对符合条件的大学生自主创业的，可在创业地按规定申请创业担保贷款，贷款额度为10万元。鼓励金融机构参照贷款基础利率，结合风险分担情况，合理确定贷款利率水平，对个人发放的创业担保贷款，在贷款基础利率基础上上浮3个百分点以内的，由财政给予贴息。

（三）免收有关行政事业性收费

毕业两年以内的普通高校学生从事个体经营（除国家限制的行业外）的，自其在工商部门首次注册登记之日起三年内，免收管理类、登记类和证照类等有关行政事业性收费。

（四）享受培训补贴

对大学生创办的小微企业新招用毕业年度高校毕业生，签订一年以上劳动合同并交纳社会保险费的，给予一年社会保险补贴。对大学生在毕业学年（即从毕业前一年7月1日起的12个月）内参加创业培训的，根据其获得创业培训合格证书或就业、创业情况，按规定给予培训补贴。

（五）免费创业服务

有创业意愿的大学生，可免费获得公共就业和人才服务机构提供的创业指导服务，包括政策咨询、信息服务、项目开发、风险评估、开业指导、融资服务、跟踪扶持等"一条龙"创业服务。

（六）政策支持大学生创业"首违免罚"

工商、城管执法等部门在对大学毕业生在创业过程中首次出现的情节轻微、没有对社会和他人造成危害后果的一般性违法行为，只给予警示告诫，帮助大学生创业者纠正，不给予行政处罚。

以上优惠政策是国家针对所有自主创业的大学生所制定的，各地政府为了扶持当地大学生创业，也出台了相关的政策法规，而且更加细化，更贴近实际。①

第三节　大学生创业的意义分析

一、大学生创业对社会的意义

就整个社会而言，鼓励创业不仅可以缓解就业压力，而且还可以推动社会进步，增强经济活力，加速科技创新。

（一）大学生创业是社会进步的推动器

创业活动促进了社会经济体制的改革和深化。创业是将创造性带进组织的一种完整概念，其核心就是创新，包括技术创新、组织创新、管理创新和制度创新，实际上，我国的企业制度创新就是从中小企业开始的，体制改革也是首先以中小企业为实验田的。

创业繁荣了市场，丰富了人们的生活，提高了人们的生活质量。大量的新创中小企业利用其灵活的机制，通过"多品种""小批量"的个性化服务，以及参与垄断行业和新兴产业领域的竞争，保证了市场活力，促进了市场竞争。

（二）大学生创业是科技创新的加速器

创新是创业的主要驱动力量，创业是新理论、新技术、新知识、新制度的孵化器，也是新理论、新技术、新知识、新制度形成现实生产力的转化器。

---

①钟宇,胡俊岩.大学生创新创业基础[M].北京:北京理工大学出版社,2020.:17-19

就我国来说，当前中国经济结构调整的重点是发展高新技术产业和进行传统产业的升级改造。而创业往往伴随着新技术、新产品、新工艺、新方法进入市场，科研成果转化型的创业企业往往伴随着新技术或新工艺的产生与发展，这对中国科技水平和综合国力的提高有着巨大的促进作用。

（三）大学生创业促进了全新成才观的形成

习惯思维告诉我们，大学生的路应该这样走：安安心心读书，大学毕业后，找一家中意的单位谋求发展。大多数大学生压根儿就没想过自己去建立公司。大学生创业观的出现，给传统的成才观造成了猛烈的冲击。在新的社会环境中，大学生对未来的选择日趋多元化。创业可以作为未来的就业选择，这势必对大学生的学习生活产生深远的影响，他们将重新设计自己的成才道路，并为成才做好应有的准备。

可以这样说，虽然最终选择自主创业的学生只是少数，但通过创业教育使大学生树立创业意识比创业本身更有意义。[①]因为在创业意识的推动下，大学生将更加重视自身素质的完善和提高。

（四）大学生创业有助于为国家培养年轻的企业管理人才

大学生创业的艰苦过程，不仅磨炼了创业者的意志品质，还培养了创业者的市场观念，训练了他们的决策管理能力，锻炼和提高了他们自身的素质，从而有助于为国家造就一批年轻的企业管理人才。

二、大学生创业对个人的意义

创业是实现人生理想和价值、获得自身全面发展的有效途径。大学生创业对其自身来说具有以下重要意义。

（一）充分发挥自己的才能

许多上班族之所以感到厌倦、积极性不高，其重要原因之一是个人的创意得不到肯定，个人的才能无法充分发挥，工作缺乏成就感。而自主创业则可以完全摆脱原有的种种羁绊，充分施展自己的才华，发挥自己的最大潜能。

---

①王凯，赵荣，李峰. 大学生创新创业理论与实务[M]. 上海：上海交通大学出版社，2018. :9-11

（二）利于财富积累

工薪阶层的工资即使再高，也是有限的，想改变自己的生活条件往往存在困难，这就造成了人们的"金钱枷锁"。而摆脱这些烦恼的最佳途径就是开创一份完全属于自己的事业，它提供给创业者的利润是没有极限的。

（三）享受过程，激励人生

在创业过程中，创业者会时刻面临诸多困难和挑战，也会发现很多机遇。通过不断战胜这些困难和挑战，创业者将会变得更加坚强、自信，从而体会到工作、生活的美好。总之，创业是实现人生理想和价值、获得自身全面发展的有效途径。

第四节　创业必备素质与培养

一、创业必备素质

大学生自主创业是一项具有挑战性的社会活动，是对创业者素质的一种全方位的考验。创业者是创业的主体，是创业过程中最根本、最重要的因素，创业者素质的高低，决定创业过程的成败。创业素质的内涵丰富而且外延广泛，对其界定，众说纷纭。例如，美国百森学院管理学专家威廉D.拜格雷夫将优秀创业者的基本素质归纳为10个"D"：理想（Dream）、果断（Decisiveness）、实干（Doers）、决心（Determination）、奉献（Dedication）、热爱（Davotion）、周详（Datails）、命运（Destiny）、金钱（Dollar）和分享（Distribute）；我国《科学投资》杂志在分析国内上千例创业者案例后提出，中国成功创业者十大素质为：欲望、忍耐、眼界、明势、敏感、人脉、谋略、胆量、与他人共事的愿望、自我反省能力。

事实上，创业者表现形形色色，成功的途径各有千秋，有关创业者素质的界定也不尽相同，但下述基本素质应该是共同具备的。

（一）坚韧果敢的意志品质

大学生创业是一项异常艰苦的开拓性工作，成功与失败参半，往往是小的成功、暂时的成功变为大的失败，而失败则又孕育着新的成功。能否从挫折和失败中重新站起来，是创业者能否最后取得成功的一个重要因素。大学生只要具有坚强的意志，就能调节自己的行为和精神状态，克服困难，战胜挫折，取得创业的成功，反之将一事无成。坚韧果敢的意志品质是创业成功的保证。

爱迪生说过："我的成功乃是从一路失败中取得的。"爱迪生发明电灯丝的时候，尝试了将近1000次，但每次都是以失败而告终，许多人都劝爱迪生放弃，因为失败了那么多次，肯定这件事是无法成功的。爱迪生却不这样看问题，他说："每一次失败都向我证明了这样去做是不对的，但总会有一次能发现正确的方法。""失败乃成功之母"，深刻地道出了成功的秘密所在。创业者所走的路，肯定会充满失败。对此，创业者要时刻做到心中有数，在面临一次又一次失败的打击时，要靠坚韧不拔的毅力去克服，要凭顽强的意志去承受失败的打击。更为重要的是打击之下，绝不丧失前进的信心和勇气，在认真总结经验教训的基础上再奋勇崛起。

具有坚韧果敢意志品质的人，既能抗拒妨碍达到预定目的的形形色色的诱惑和干扰，又能持久地维持已开始的符合目的的行动，真正做到锲而不舍、有始有终。年轻大学生的创业热情很高，想象力丰富，目标远大而美好，对成功的期望值也很高，但是，往往对克服困难的心理准备不足，意志不够坚定。既有在创业活动中自始至终瞄准一个目标，作出巨大努力的时候，也有轻率地改变初衷、半途而废的情况。特别是在创业热情与创业现实出现矛盾的时候，如果没有坚韧果敢的意志品质去面对挫折和困难，就会意志消沉、摇摆不定，甚至"折断自己创业的翅膀"。

创业之路荆棘丛生，成功与失败相随，顺境和逆境并行，欢乐与忧愤同在。有了坚韧果敢的意志品质，创业者就能够克服常人不可想象的困难和障碍，甚至可以弥补创业者身上的其他缺点，最后取得创业成功。

（二）敏锐的商机意识

大学生掌握了创业的基本知识，具备了创业者应具备的素养和特质，学习了成功创业者的创业经验，又找到了一些合伙人加入自己的创业团队，打算从此开始创业的旅程时，会突然发现下一步失去了目标，不知道该从何做起。这是因为还没有一个好的商机。敏锐的商机意识是创业者必备的素质之一，创业者要培养商机意识，要善于发现商机，掌握捕捉商机的技巧，及时把握商机。[1]

1.商机

商机是指具有很强吸引力的、较为持久的、适时的一种商务活动空间，并存在于最终能够为顾客或消费者创造价值或增加价值的产品或服务中。具有这些特性的商机将会存在相当长的时间，只有在适宜特质的前提下进入市场，创业者才会有能力去获得竞争优势。成功的创业者、风险投资家、私人投资者始终以顾客市场需要为出发点，密切关注商机的到来。

市场中充满了商机，商机无时不在、无处不有。但是，现实经济生活中的机遇并不像飞流直下的瀑布那样倾泻在创业者面前，而是以一点一滴那样缓慢的速度向人们靠近。正因为这样，有的人能感觉到机遇的到来，有的人则感觉不到。商机是一种客观存在，有如下特征。

（1）即时性

每一种机会的到来都有一段时间和一个限度，所谓"机不可失，时不再来"。创业者要善于预测商机的到来，即时作出决策，采取果断行动抓住商机，否则便坐失良机，空叹时光之消逝。

（2）隐蔽性

它往往隐藏在迷雾之中，需要有心人去拨开云雾，发现它的踪影。西方哲学家有个形象的比喻："商机"是一个美丽动人的姑娘，当她迎面走来的时候，头发遮住了她的脸孔，看不清楚；当她走过去以后，你从她的背影发现她的美丽，可是她已经走得很远了，后悔莫及。

---

①庄郁香.大学生创业能力培养的现实困境与机制建构[D].南京:南京邮电大学,2022.

（3）多样性

时代在变化，新的变化必然创造新的商机，而变化是绝对的，所以商机是常有的。

2.商机意识

商机意识是人们在经营实践中、在获取信息的基础上，把握市场趋向，寻找发现商机、捕捉商机和把握商机的思维方式和能力。

商机意识是创业者经营理念的组成部分。商机意识具有以下两层含义：其一，商机意识是指经营者在经营活动中要按照商品经济的运行规律来办事的思想观念，如等价交换、追求利润等。其二，商机意识还指经营者寻找、创造商机的思维活动。商机意识不同于商人意识。商人意识大多数情况下是指人们在人际交往过程中以某种交换为前提，互为对方提供"好处"进而达到交往目的的一种指导思想。

商机意识需要经过多方面途径进行培养。一个人可以通过耳闻目睹受到商机意识的熏陶，也可以通过书本知识的学习树立起商机意识。但更重要的是在经营实践中锻炼和培养。因为间接知识仅仅为经营活动提供指导参考，只有经营实践活动才能真正为创业者商机意识的形成和发展打下坚实的基础，并在创业经营实践活动中深化商机意识。"纸上得来终觉浅，绝知此事要躬行"说的就是这个道理。那么，怎样培养商机意识呢？

（1）要刻意去钻研有关知识

刻意即用心，只有把注意力集中到所要追求的方向上，意识的形成才会更快、更深。

（2）要研读市场这本书

只有搞清楚市场运行的基本规律，才能在创业经营中有创意、有创新，创业活动才能游刃有余。而研读市场这本书当然要在实践中进行。

（3）要善于观察分析

客观事物是不断发展变化的，而事物的本质又是通过现象表现的，只有善于观察分析，善于识别真相和假相，才能真正把握住事物的本质。

（4）要善于收集和利用信息

重要的商机信息，是创业者决策的重要依据，它隐含了大量的商机，是创业者取胜的重要武器。

（5）要积极主动地去寻找和创造商机

守株待兔只能坐失良机。只有积极主动的经营者，才能在实践中不断丰富思想，深化商机意识。

（三）科学的经济头脑

科学的经济头脑是兴企之本，它是人们在长期的社会实践中逐步养成的。在资源条件相同和市场条件相同的情况下，有的创业者可能有较大成果，有的创业者可能只有较小成果；有的创业者以较大的投入获得较小的成果甚至铩羽而归，而有的创业者却以较小的投入获得较大成果。造成这种差异的原因固然有很多，但其中一个重要的因素就是创业者是否具有科学的经济头脑。因此，经济头脑是创业者应具备的重要素质之一。

1.经济头脑

经济头脑是指人们根据经济运行趋势和经济活动的规律、特点，对自己所拥有经济资源进行投入，以期获得更大收益，并对自己经济行为能否创造有益效果所作出的分析、判断和决策的一种抽象思维能力。"经济头脑"这一概念有着丰富的内涵。

（1）对经济运行趋势的分析判断能力

这是一种对经济活动全局把握的能力。具有这种能力的人，不只是对经济的局部问题有独到的见解，而且对经济的整体运行也能作出大体正确的判断，并能提供极具价值的决策参考意见。这类人具有渊博和深厚的经济及其相关知识，能运用一系列科学手段对经济运行趋势、情况、质量作出测定和评估，这类人一般是经济学家。

（2）对商机的捕捉能力

这是对经营某一行业或与某行业相关的经济活动的把握能力。具有这种能力的人大多具有战略眼光，能在经济的某一领域或范围内，对事物之间的联系进行分析判断，并能运用自己所拥有的资源，在经济活动中创造和增加价值，实现预定的经济目标。成功的创业者、经营者和企业家大都属于这一类。

（3）对经济利益的权衡能力

这一般是指在经济交换中对利弊得失的把握能力。具有这种能力的人，一般能结合眼前利益和长远利益来考虑问题，不太注重一时的利害得失，而是注重后期利益和长期利益。在某种情况下，也指个人对几种经济利益的选择。尤其是在收益与风险并存的情况下，对某种经济利益的放弃和对某种经济利益的追求。

（4）对经济活动中投入与产出的核算能力

这是对某项经济活动在事前所作的预测和估算。具有这种能力，能根据自身情况与市场情况，对所要进行的经济活动能否产生经济效益进行较为准确的预测，从而决定是否进入市场、何时进入市场、进入何种领域市场等。

以上四种"经济头脑"既有层次上的区别，又有侧重点的不同。对第一种情况而言，强调的是对社会综合经济运行格局的认识分析能力，是一种宏观判断能力，侧重于经济运行质量。第二种情况强调的是对行业经济运行情况的认识分析能力，是一种中观判断能力，侧重于市场经济结构。第三种情况强调的是对经济交换关系及其利益的认识分析能力，是一种微观的判断能力，侧重于经济主体利益的发展。第四种情况强调的是对市场前景的分析能力，也是从微观角度去认识行业经济对经济主体的利益影响，侧重于对资金的使用。每个创业者、经营者都不同程度地表现出上述经济头脑的各种情况。具体到某一个人身上，却可能侧重于某一方面的突出表现。如有的创业者擅长对经济运行作出分析判断，有的创业者擅长发现市场中的有利机会。

（二）用好自己的经济头脑

创业者经济头脑的具体表现，就是在实际经济活动中对经济知识的正确、灵活应用。由于经济活动与市场紧密联系，因而经济头脑又表现为对市场情况的认识、判断。对经济知识的正确运用，是指在运用经济知识分析经济、市场情况时，要根据基本的经济理论知识，采用科学的分析方法。例如，要分析宏观经济形势，就需运用有关的宏观经济学知识；要找出本企业某一时期产品销售的变动特点和规律，就需应用对比的方法，而且考察的目的不同，对比方法也可能不同；要分析微观情况，就要运用微观经济方面的知识，如在什么情况下资源得到最佳利用，产量达到多少时成本最小而利润最大，采用量本利分析还是目标贡献分析等。对经济知识的灵活应用指根据实际经济和市场的变化情况，打破常规，当机立断，及时调整经营策略，使不利的经济形势向有利的经济形势转变。

当然，科学经济头脑的形成，除了要有相关的经济知识外，还要参加市场实践活动。读懂市场这本书，是科学经济头脑形成的必经之路。

二、创业素质培养

（一）创业意识的培养

诚然，资金匮乏、经济不足等都是影响大学生创业的主要因素，但最根本的一点还是大学生创业意识的缺乏。目前，高校毕业生对出路的认识，仍然局限于就业、考研、出国。正如上海市创业教育培训中心徐本亮所说："其实能不能创业与个人的学历、学识、年龄和性别没有太大关系，最重要的是自主意识和创业心态。而现在，许多高校毕业生欠缺的恰恰是创业欲望和自主意识。"那么，如何培养自己的创业意识呢？

1.明确你的创业理想

卡耐基说，在现实生活中，许多人的价值观念不是不正确，而是不明确，更准确地说，是由于自我意识淡薄而造成价值观念模糊不清。如果一个人习惯于随大流，常常不能作出自己的选择，没有明确的理想、目标，怎么会有创业意识呢？学习是通往成功之路的阶梯。学习可以增加知识，增长智慧和才干。但是，知识的积累与个人对社会的贡献并不是成正比例的。正如塞缪尔·斯迈尔斯在《自己拯救自己》中写道："在日常生活中我们确实能发现许多这样的事例：学识渊博的人，性格却是完全扭曲变形的；饱读经书的人，却毫无实际能力，不能灵活机变，只会亦步亦趋；知识就是力量，不时挂在嘴边的人却往往成了狂热者、专制者和野心家。除非受到明智的引导，不然知识本身只能使恶人变得更险恶，而社会有了他们，恐怕比地狱就好不了多少了。"的确，知识必须与谋求人类社会的进步和生活的幸福联系在一起，才能显示出它的价值，否则便毫无意义。大学是高层次知识的学习殿堂，我们提出大学生应该为实现创业理想而学习，是因为只有那些具有明确的创业理想的大学生，才会具有强烈的创业意识和明确的学习方向，才会产生出刻苦探求知识、勇于创业的动力。正如著名人才学家王通讯说："凡成功者，凡大有作为者，无不是先有目标，再有积累，再有优势，再有突破的。"

人不怕没有未来，就怕没有理想。如果你满足于每天就吃一块烤地瓜，那么你的人生将一直与地瓜休戚相关；如果你除了吃烤地瓜还想得到一瓶可口可乐，只要努力，总会有一天得到可口可乐，说不定还会得到一个汉堡包。如果连想都不去想，可能也会得到可口可乐或汉堡包，但绝不会是能天天享用。

2.在专业学习中培养创业意识

在创业准备的学习过程中，学习的目标应该是拥有创业所需的大量知识，否则在学以致用时我们就有可能束手无策、一筹莫展。但是，对于任何人而言，知识的价值并非在于它的数量的多少，而主要在于它能够得到很好的运用；智慧的多少也不在于涉猎领域的多寡，而在于有目的的、适当的学习。在创业实践中，有一点准确而精细的知识往往比泛泛的、肤浅的知识有价值。因此，全面性和准确性是学习上必须达到的两个目标。当一个大学生对自己的创业有一个明晰的意识的时候，就要特别强调围绕这个意识去掌握一门学科的内容，也就是说学到一个领域中特别的知识和本领。专业学习就是学本事。通过专业学习，可以使自己的创业理想更加明确、创业目标更加具体、创业兴趣更加浓厚、创业信念更加坚定。所以，专业学习是培养大学生成熟的创业意识的摇篮。

3.在社会实践中培养创业意识

人类社会是一所最高贵的学校，正是在这个学校里，个人的能力和才智得到提高，精神和理念获得升华，坚韧不拔的品质得以养成。总而言之，人类的意识就是由社会各种因素的影响所塑造而成的：受经济和文化的影响，受生活和文学的影响，受典型和榜样的影响，等等。在承认上述影响的同时，我们还应该懂得这样一个道理，即人应该成为自己的意识和行为的积极的主人。大学生在学校里获取知识只是培养创业意识的一个良好开端，因为书本上获取的知识尽管可贵，但其本质上仍然只是知识的积累，而取之于社会生活的经验才是智慧之源，其价值会远远超出前者。只有积极地、自觉地将所学的知识与社会实践结合起来，在正确认识社会的基础上形成的创业意识，才是一笔完全属于自己的宝贵精神财富。因此，当代大学生在培养自己的创业意识，树立自己的创业理想的时候，一定不要把自己的思维局限在校园里、书本中，要主动走出去，到社会上去多看看、多听听，我们的国家到底需要什么样的大学毕业生？实现中华民族伟大复兴到底需要我们将来做些什么？只有从社会实践中形成的创业动机、创业理想才会真正让你终身为之奋斗。[1]

4.创业意识培养中应注意克服的消极思想

创业意识是一种积极的思想意识。作为大学生，在培养自己创业意识的过程中，需要注意克服各种各样的消极思想意识。

（1）要克服不思进取、不求上进的思想

有的人不思进取、逃避艰苦，工作中缺乏主动性，工作之余就更加懒得去学习、去寻求新的事业。这种人不只是对某一项工作缺乏兴趣，而且对所有的工作都得过且过；他们对任何困难都想回避，对什么事情都不愿投入。他们具有孤傲的心态，他们往往有一些小聪明，往往都学有所长，但由于他们过于恃才傲物，逐渐疏远了周围的人际关系，不主动到社会实践的海洋去遨游，不去主动争取施展才华的机会，而是坐在那里待价而沽，结果只有坐失良机。冷漠使人对世界上所有的人和事都失去兴趣，在他们眼里，任何新得到的东西都不能与失去的相比，失去了追求新生活的热情，当然就不会去想如何创业，更没有想到创业给自己带来的成功。大

---

①于友成. 大学生创业学习社会网络构建研究[D]. 杭州:浙江大学,2021.

学生要培养强烈的创业意识，必须克服这种不思进取、不求上进的思想，振奋起积极向上、开拓进取的精神。

进取心、创造心是创业的内在动力，进取和探索是通向成功的道路。从古到今，凡成大业，对人类有所贡献的人，都有远大的理想和抱负。所以苏东坡在研究古人成才的经历时，就得出了"志不立，天下无可成之事"的结论。只有自强不息、不断进取、奋斗不止的人，才有可能成就大的事业，达到希望的顶峰。人与人之间、弱者与强者之间、大人物和小人物之间最大的差异就在于意志的力量，即所向无敌的决心。一个目标一旦确立，不在奋斗中死亡就要在奋斗中成功。具备了这种品质，你就能做成这个世界上能做的任何事情。否则，不管你具有怎样的才华，不管你身处怎样的环境，不管你拥有怎样的机遇，你都不能使一个两脚动物成为一个真正大写的人。

（2）要克服保守和满足的思想

创业精神与创新精神是一对亲兄弟，那种舍不得过去的经验，对前人的成功经验不是学习其创业、创新的精髓，而是一成不变地照搬的保守心理，也是与创业精神背道而驰的。大学生在学习知识的过程中，一定要注意学习先辈们留给我们的创业精神、创新精神，千万不要死读书、读死书，把自己仅仅培养成一个守业人。要知道，如果没有不断创新、持续创业，先辈们给我们留下的基业也会丧失殆尽。

创业是一项有风险的事业。求稳心态就是过分考虑事业的风险，即使形成了创业理想，也没有办法去实现它。满足感是创业意识的最大敌人，什么事都满足了，就失去了创业需要和动机。有的人开始有创业意识，而且也进行了创业活动，当他们取得了一定成功之后，就沉湎在成功的喜悦中不思进取了。这种满足心态，是没有形成完全的创业意识的表现。

（3）要克服听天由命、依赖和自卑的思想

有些人在生活、工作中，只是听从命运的安排，服从他人和权力的摆布，自己就好像没有帆的船，逆来顺受，随风飘荡，似乎顺从才会安全、才能生存。这是一种封建社会遗留下来的奴性心态，有这种心态的人，毫无创业意识可言。什么事情都需要靠别人，在家靠父母，上大学以后还依然什么都依赖父母，甚至大学毕业了还要父母去为自己找工作。这样的人一旦没有人帮、没有人管，就不知所措、一筹莫展，根本谈不上用积极的思考、乐观的精神和潇洒的态度去开创事业。还有的人自卑而且怯懦，自己看不起自己，认为自己的本事不如别人，不是觉得自己愚钝，就是觉得别人的机遇比自己好。他们从来不敢冒尖，不敢面对竞争，不敢以火热的激情拥抱生活。长此以往，积卑成病，自然失去开创事业的雄心。据心理学家分析，人生中的许多失败都是由于缺乏自信心，畏于尝试造成的，自信的匮乏是阻碍进步的重要原因，但这一点人们并没有普遍认识到。在培养创业意识的过程中，应该防止和克服这些消极的思想。

要学会辩证地思考问题，深刻理解内因是促使事物发展变化的决定因素的原理。既要善于利用外力来为自身的发展创造良好条件，更要懂得把立足点放在自身的努力上，通过自身的踏实工作，为实现自己的创业理想开辟道路；还要懂得，人的素质、能力是可以在社会环境中塑造、在社会实践中提高的，事业的成功缘于百分之一的天才加百分之九十九的勤奋，因而应该对自身能力的锻炼和提高有一个科学的认识，对自己的创业前景充满信心。

（二）创业心理品质的培养

心理品质不是由上帝或别人决定的，而是在后天的生活实践中陶冶训练出来的。人们只要掌握正确的方法，有针对性地锤炼自己，就可以拥有良好的心理品质。

1.在内在潜能的激发中建立良好的心理品质

（1）利用自我暗示强化创业心理品质。

"做得到"或"做不到"，这是两个极端而绝对的意念或想法，它对人生的创业确实有很大的影响。"我做得到"是一句很有魔力的话，它可以使人信心十足，干劲百倍，勇往直前。人不断地默念、暗示这个意念，就能刺激紧紧封闭在潜意识中的创业欲望，使其发挥巨大的功能，激励人们去建功立业。相反，如果一个人凡事总想着"我做不到"，就会产生消极的影响，因为"做不到"的意念一旦出现，就会使人停止思考，紧闭机会的大门，刚刚燃起的创业之火就会被熄灭，而正在进行的很有前途的事情也会半途而废。比尔·盖茨初出茅庐就发出宣言："我们要做到每一间屋、每张书桌都有微软的电脑。"从而他创建了微软帝国，成为世界首富。

（2）利用潜意识建立创业心理品质

人脑的潜意识部分，蕴藏着无穷的力量，每个人都可以并且应当发掘这种潜能，运用到任何一项创业目标上。潜意识具有一个极其重要的特质，就是能依令行事，它相信主人的思想和意念。每一个创业成功者都有一套方法，将自己选择的目标密集地输入潜意识，使它没有机会接触到其他负面的影响。国外一位保险业务推销员，就深谙潜意识对建立良好心理品质的重大作用，他每天早晨出外工作前，总是先照照镜子，用5分钟时间看着自己，并对自己说："你是最棒的保险推销员，今天你就要证明这一点，明天是如此，一直都是如此。"就是因为充分利用潜意识建立自信心等心理品质，所以他取得了显著的业绩。创任何事业都是如此。始终面带微笑的杨澜也可以说是这一方面的代表，要做就做最好的，自己应该是最好的。从艺，她是中央电视台的金牌主持人；从商，而立之年就成为阳光影视公司总裁，成为中国新一代富豪。

（3）利用局部成功完善创业心理品质

人们要学会对自己仁慈些。列出一份胜利和成功的清单，让自己得到创业成功的体验。不管或大或小，每个人都会有一些成功或得意的表现。当一个人想到自己所完成的事时，对能做的事便会更有信心，心理承受力便会趋强。因此，我们应理智而又慎重地选择创业目标，分步去实施，并由此品尝成功的喜悦。不要祈求一夜暴富，不要奢望一举成名。要知道，大事就是从无数小事来的，大业也是从小业入手的，局部的成功既可以帮助我们积累创业所需的资金，也可以丰富我们创成大业的知识经验，还可以使我们形成积极的心态。

2.在意志磨炼中培养良好的创业心理品质

意志的磨炼可从以下四个方面做起。

（1）树立科学的世界观

意志是人的意识能动性，受立场、观点的制约，又是立场、观点的体现。具有科学世界观的人，才能树立起远大的理想，才能具有坚定的信念。坚定的信念是自觉性、顽强性和自制力的基础。凡是有远大理想和抱负的人，大多数具备良好的意志品质，能在人生的征途上不畏艰难不怕困难、勇往直前。

（2）在实践活动中培养意志品质

在实践活动中必然会遇到各种各样的问题和困难，努力去解决问题和克服困难，也是对意志的培养和锻炼。特别对那些单调、乏味的工作，若能耐着性子把它做好，这正是培养良好意志品质的机会。人的意志品质在克服困难中体现，也在克服困难中受到锻炼和发展。在制订和执行计划时，既不盲目随大流，又善于集思广益；需要作出决定时，既能深思熟虑，又能当机立断，为了目标的实现，一步一个脚印去努力、去奋斗。

（3）改变不良的意志品质

应当对自己的意志品质的特点有所了解，改正不良的意志品质。例如，自己遇事总是没有主意，迟疑不决，优柔寡断，就要主动地锻炼自己的独立思考能力、分析问题能力和明辨是非能力，作出决断。假如自己的自制力差，那就要从小事做起，努力控制自己，不达目的决不罢休。只要下决心锻炼，自制力就会逐渐增强。

（4）意志品质的自我修养

人的良好意志品质在自我修养中形成。人的意志是可以自我调节和自我控制的。在工作、学习和日常生活中，遇事都应注重自我检查、自我监督、自我调整、自我鼓励和自我创造。促使人成功的原因最少有三个因素：第一是想象力，第二是常识，第三是勇气。人的创业活动需要坚强的意志。创业者在确定创业目标后，需要选择方法、组织行动，克服重重困难和障碍，才能最终取得成功。而人的坚强的意志不是天生的，是在后天生活实践中逐步形成的。大学生在学习中应当不断培养自己的意志品质，如通过用榜样、名言来对照自己、检查督促自己；可与身边的同学进行比较，去奋力赶超；可对学习生活制订详细计划（包括学期、月、周及日安排），并严格执行，坚持完成计划或安排；也可坚持每天写日记，检查反思当天的活动。总之，大学生应加强意志的自我锻炼，养成自我检查、自我监督、自我激励的良好习惯。

3.在行动中培养良好的创业心理品质

良好创业心理品质的形成，固然离不开正确的意识和良好的环境，但更重要的还在于要坚决投入到创业行动中去。一个人的行为影响其人生态度，积极的行动能带来及时的反馈和成就感，也能带来节节成功的喜悦。切切实实地投入到创业实践中去，定能磨炼出坚强的创业心理品质。

（1）通过心理训练陶冶创业心理品质

心理训练是在专门人员的指导下，参与者自己练习、实践、锻炼的方法，其作用是培养人的良好的心理品质。心理训练过程就是通过主体的各种行动，运用心理知识并将其内化为心理品质的过程。创业心理品质并不单纯表现为对心理的简单认知，更重要的是表现为在实践活动中的各种心理活动能力。因此心理训练对于心理潜能的发展、良好心理品质的形成具有重要的作用。

（2）通过自我修养陶冶创业心理品质

古人曾强调要"吾日三省吾身"，就是强调自我修养的重要性。要做到这一点，就是要对照标准，经常看看自己的心理品质是否符合要求，就是要有一面镜子，时时照照自己的心理品质是不是出了差错。

（3）通过创业行动提高创业心理品质

行动，是攀登创业巅峰的唯一途径；实践，是形成创业心理品质的重要法宝。终日苦思冥想，谋划如何有所成就，不能代替获得成功的创业行动。不肯行动的人，只能是在做白日梦。这种人不是懒汉，就是懦夫，是不可能形成良好的创业心理品质的。只有经受创业行动的锻炼，创业目标才会更加明晰，创业信念才会更加强烈；只有立即付诸行动，才会增强自信心，犹豫只会带来恐惧；只有经受创业行动的锻炼，才会诱发新的创业行为，形成良好的创业习惯和人格。

4.在现实中陶冶良好的创业心理品质

人的心理是客观现实在人脑中的反映。要想创业成功，不能脱离一定的社会现实背景，要想拥有良好的创业心理品质，也必须在各种社会现实中磨炼。

（1）在不利的环境中磨砺创业心理品质

生活比别人苦点，工作比别人累点，环境比别人差点，这也是一种磨炼心理品质的方法。孟子有句名言："故天将降大任于是人也，必先苦其心志，劳其筋骨，饿其体肤，空乏其身，行拂乱其所为，所以动心忍性，曾益其所不能。"环境在给人施加压力的同时，也为人准备了一份智慧和才能的礼物，人们最出色的事业往往是在承受巨大压力下取得的。太轻松的生活、太优越的环境，有如醋酸，会软化人的精神钙质、损坏人的心理机制，使人变得无棱无角、平庸无能。

（2）用榜样的力量陶冶创业心理品质

榜样的力量是无穷的，他人的创业行为和成就是一笔宝贵的财富。古往今来，创业成功者都具有一些共同的心理品质，那就是：自信，热情，专注，心态积极，喜欢独立思考，具有寻根究底的好奇心和探索精神，敢于创新，敢于竞争和冒风险，意志坚定，不怕挫折，情绪稳定等。他们就是依赖这些良好的心理品质走上创业成功之路的，并给后继的创业者以莫大的启示和影响。创业成功者，大多有过自己的崇拜者，即自己的模仿对象。榜样成功的业绩令人心向神往，榜样丰富的人生给人信念和力量，榜样强烈的创新进取意识促人奋发，因此，后来者都希望超越模仿对象；成功的创业故事是传媒追逐的热点，成功的创业者是人们崇拜的对象，因而也激起了人们进一步创业的热情。

（3）在竞争环境中培养创业心理品质

当今社会充满竞争和挑战，需要年轻人大胆展示自己，充分发展自己，努力把握各种创业的机会。这就要敢想、敢做、敢闯、敢冒，风风火火闯九州。良好的心理品质当然只能从竞争中来，只要有机会就应大胆地去争取，多从事几种职业，多参与几次竞争，并通过竞争积累成功的经验，通过竞争获得自信和快乐，通过竞争战胜孤僻、害羞、怯懦等心理障碍。

第五章　创业机会与创业风险

第一节　创业机会的寻找

创业是发现市场需求、寻找市场机会、通过投资经营企业满足这种需求的活动。而机会要靠发现，在茫茫的市场经济大潮中要想寻找到合适的创业机会，需要创业者具备一定的素质并掌握发现市场机会的方法。

一、什么是创业机会

创业机会就是：一个创意可以在市场环境中行得通。这个创意要提供的产品或服务不但能给某些人带来实际的好处和用处——他们肯买，而且他们付的价钱使你可以得到利润。没人要的东西肯定不是创业机会，有人要不给钱或给的钱不能令你有利润也不是创业机会。

二、寻找创业机会的途径

创业要从商业机会中产生，那么，哪些情况又代表着机会呢？实际上，机会无时不在、无处不在。只要你用心，机会自然不难找。

（一）从问题中寻找创业机会

创业的根本目的是满足顾客需求，而顾客需求在没有满足前就是问题。因此，寻找创业机会的一个重要途径是善于去发现和体会自己和他人在需求方面的问题或生活中的难处。比如，上海有一名大学毕业生发现远在郊区的本校师生往返市区交通十分不便，创办了一家客运公司；双职工家庭没有时间照顾小孩，于是有了家庭托儿所；很多人没有时间买菜，就产生了送菜公司；等等。这些都是把问题转化为创业机会的成功案例。

又如，由于我国存在部分水质污染的问题，围绕水就带来了许多创业机会，上海就有不少创业者加盟"都市清泉"而走上了创业之路。当然，去研发、销售净化水的技术和设备也是不错的创业机会。

（二）从自己的兴趣中寻找创业机会

创业的过程往往是实现人的爱好和梦想的过程。许多能够赚钱的事情，是能够与自己的爱好成为一个事情的，兴趣与事业是可以结合为一体的。

兴趣，有的是与生俱来的，有的是后天养成的。不论是哪种情况，都是对潜藏在自身这个特殊个体中的某种特质的呼应，都是自身特质的外在表现。

一个人如果能找到自己的兴趣，就有了自己生命存在的形式，并在其中流淌才智，挥洒创造力，演绎生命的精彩。幸福与成就融合为一，成就伟大事业是自然的事情。这样，你便可以在获得莫大乐趣中赚钱，在赚钱中享受自己的乐趣。仔细地看看那些成功者，他们赚钱的过程往往是实现他们爱好、梦想的过程，他们赖以赚钱的东西与他们的爱好往往是一个东西。

许多人的失败，并不是他们不聪明不努力，而是从一开始他们就不热爱那个事情，只是把它单纯地当成了赚钱的工具。

（三）从自己的优势中寻找创业机会

优势，是你本人所具有的强项与特长。确定优势首先是与别人比较，自己有而别人没有，自己很突出而别人很一般；其次是自己与自己比较，自己能够做好的事情有几个，其中哪个是自己最擅长的。[①]

发现优势，是对以往生活积累的审视。想一想，在自己过去的生命历程中形成了哪些技能，沉淀了哪些知识，现在可以使用和支配的资源有哪些？在这些技能、知识和资源中，哪些可以转化为市场价值？当然，如果能将这些技能、知识、资源集中到某一点上，那是最好不过了，你可以借此寻求快速突破，打一场突击战。

（四）从学习、思考、观察中寻找创业机会

古语云"读万卷书，行万里路""他山之石，可以攻玉"，其意思是说，一个人只有多读书、多实践，才会有过人的胆识、开阔的眼界、高明的想法。

（五）从闲置的资源中寻找机会

什么是闲置资源？所谓闲置资源是指暂时没有使用的东西。这样的东西有很多，典型的如垃圾、边角余料、空余时间等。这些东西都有一个共同特点，那就是处于闲置状态，对人们没有产生效用，甚至还在产生危害。

一种东西被闲置，可能是因为这种资源的价值没有被认识，也可能是这种资源的利用价值达不到商业化要求，还有可能是人们以习惯思维忽视了这种资源。

闲置的资源主要有以下几种。

第一种：长期没有被利用的东西，表现为长期无人过问。比如报废的矿山、电梯门口的墙壁。

第二种：暂时没有被利用的东西。比如征地后没有开始建设的空闲场地。

第三种：周期性闲置的东西。比如受自然季节周期影响的资源、假期中闲置的学校教室。

第四种：不能完整利用的东西。比如零散的时间、空余的场地。

---

①池倩文.大学生创业知识、创业机会开发与创业绩效:环境动态性的调节作用[D].南京:南京航空航天大学,2021.

第五种：存在负效应的东西。比如垃圾、污染物。

由于闲置资源的获取成本很低，因此，善于发现和利用闲置资源可能会取得意想不到的效果。

第一，能大幅降低成本。闲置资源是一种没有价格或者低价格资源，一旦为创业者所发现，获得的成本极低，有时还可能因为使用这种资源而产生收益，比如收取排污费或者某种补贴。很多企业就是因为利用了闲置资源而获得成功的。比如，看到风能没有被利用，人们想到了利用风能发电；看到中国人多，就大量使用劳动力。因为有低成本优势，可以让企业利润增加，也可以大幅度提升企业的市场竞争力。

第二，可以形成一些特殊的优势。市场势力往往来自对关键资源的控制，而在资源价值已经为人们所认识时，控制这种资源的机会几乎已经完全没有了。所以用自己的知识去认识闲置资源，在人们还没有认识到这种资源的价值时，先下手为强。比如，日本对电子垃圾有意识地回收，建立"城市矿山"；再如，分众传媒先与大量的写字楼签订合作协议，再开始推广电梯的广告业务，并一举成功。

（六）从隐蔽的资源中寻找创业机会

挖掘的本义是：或挖或掘或连挖带掘，引申后的意思就是深入探求、竭力寻找等。通过挖掘，我们可使很多天然的、隐蔽的资源成为有市场价值的东西。

可挖掘的资源很多，如自然的、文化的、历史的、风俗的、网络的、家庭的。在将资源挖掘出来之后，我们既要尊重它们的原生态——这是其特色和价值所在，还要改进、提升、完善，有的还要进行功能转换、用途变更和价值延伸。

（七）从改变习惯思维方式中寻找创业机会

日常生活中，大家都习惯于惯性思维。一看到别人干什么赚钱，自己马上依葫芦画瓢，也这样干。但是，假如我们变换一下思维方式，如进行逆向思维、发散性思维，那么，很多独特的创业机会就会浮现出来。

（八）从事物的整合中寻找创业机会

所谓整合，是指将不同资源和要素重新组合，从而可以：①发现资源之间别人没发现的某种联系、功能和用途；②把看似不相关的资源进行复合、改造而产生新的效用；③把各自独立的利益关系联系在一起而产生新的利润点；④把自己可借助的各种优势集中在一点实现某种市场突破；⑤在成长中的产业链中找到缺陷、缝隙与薄弱环节加以改进；⑥对潜在的具有商业价值的元素进行挖掘、改造和提炼。

老子说："万物负阴而抱阳，冲气以为和。"是说自然界的一切事物，都具有"合"的倾向，都是"合"的产物。天地之合而生万物，从人类自身到自然界到社会，我们所见到、听到、知道的一切，都是"合"的结果。例如，物理和数学之合产生了计算机，化学和生物之合产生了基因工程。

正如老子所言，我们要用"冲"去"合"。我们可以借助自己的智慧和创意，以及已经掌握的知识和经验，去"冲"那些表面上看相互独立的物质和功能，从而实现创造性的"复合"，进而产生好项目。

（九）通过借势寻找创业机会

在寒冷的青藏高原草地上，生活着一种小小的蝙蝠蛾，每只蝙蝠蛾可生产数百枚卵，散落到地上就成了幼虫。冬季来了，真菌孢子钻进幼虫体内，借助幼虫的身体，度过了寒冷的冬季，生存了下来。夏天来了，真菌孢子靠蝙蝠蛾幼虫体内的营养发育、生长着。钻出来后，成为"冬虫夏草"。这孢子真聪明！借别人的身体过冬，再借别人的营养来发育自己。这就是"借势"！即凭借或依靠某种现存的事物，来产生可以为自己所用的力量，如风势、火势、地势和气势。

（十）从产业链中寻找创业机会

我们平时经常听到"产业链"这个词，它的意思是说，很多产业就像一个链条一样，涉及众多环节，且环环相扣。例如，汽车产业就涉及前市场和后市场两大产业链，而前市场又分别涉及汽车原材料生产、汽车零部件制造、汽车装配等环节，后市场则涉及汽车销售、汽车维修、汽车保养等环节。

如果我们能成为某个成长中的产业链条中的一环，哪怕是很小很不起眼的一环，只要我们把它做得很专很精、不可替代，那收益也将十分了得。

（十一）从变化中寻找机会

创业的机会大都产生于不断变化的市场环境，环境变了，市场需求、市场结构必然发生变化。著名管理大师彼得·德鲁克将创业者定义为那些能"寻找变化并积极反应，把它当作机会充分利用起来的人"。

这种变化可以包括产业结构的变动、消费结构升级、城市化加速、人口结构变化、价值观与生活形态的变化、政府政策的变化、人口结构的变化、居民收入水平提高、全球化趋势等诸方面。

比如，居民收入水平提高，私人轿车的拥有量将不断增加，这就会派生出汽车销售、修理、清洁、装潢、二手车交易、陪驾、配件销售等诸多创业机会。又如，随着人们生活水平的提高，对食品的要求自然越来越高，人们不仅要吃饱，而且要吃好，于是，各种有机食品应运而生。

（十二）从对手的缺陷和不足中寻找创业机会

机会并不只属于高科技领域。在运输、金融、保健、饮食、流通这些所谓的"低科技领域"也有机会，关键在于开发。如果你能弥补竞争对手的缺陷和不足，这也将成为你的创业机会。看看你周围的公司，你能比他们更快、更可靠、更便宜地提供产品或服务吗？你能做得更好吗？若能，你也许就找到了机会。

（十三）从顾客的差异中寻找机会

机会不能从全部顾客身上去找，因为共同需要容易认识，基本上已很难再找到突破口。而实际上每个人的需求都是有差异的，如果我们时常关注某些人的日常生活和工作，就会从中发现某些机会。因此，在寻找机会时，应习惯把顾客分类，如政府职员、大学教师、杂志编辑、小学生、单身女性、退休职工等，认真研究各类人员的需求特点，机会自现。

（十四）从新技术、新产品的产生中寻找机会

一项新技术、新产品的产生通常会带来创业机会，尤其是一些划时代的新技术和新产品的产生，更会带来大量的创业机会。例如，随着电脑与网络的诞生，电脑维修、软件开发、电脑操作培训、图文制作、信息服务、网上开店等创业机会随之而来。

又如，当人类基因图谱获得完全图像后，可以预期必然会在生物科技与医疗服务等领域带来极多的创业机会。

（十五）从国家政策中寻找创业机会

国家政策是很重要的导向，它通常会提出鼓励发展什么、限制发展什么，其中就蕴藏了大量创业机会。例如，国家一直在提倡调结构、扩内需、循环经济、节能降耗、城镇化等，其中就蕴藏了太多的创业机会。

（十六）从外地或国外寻找创业机会

由于各地和各国之间发展的不均衡，信息的不对称，因此，其中就蕴藏了大量的创业机会。例如，我国知名的几大网站（搜狐、新浪、网易、淘宝等）的运营模式无一不是源自美国。又如，对于今天在北京、上海等一线城市流行的东西，如果将其移植到外地，不就是创业机会吗？当然，在复制外地或国外的项目时，务必要对其进行仔细分析。

三、如何培养自己发现创业机会的能力

发现创业机会不是一件容易的事情，对于创业者来说，发现创业机会的能力也是当老板必备的素质之一。创业者在日常生活中需要有意识地加强实践，培养和提高这种能力。

（一）要培养市场调研的习惯

市场机遇的出现和捕捉离不开对市场信息的把握和处理，发现创业机会的关键点是深入市场进行调研，要了解市场供求状况、变化趋势，考察顾客需求是否得到满足，注意观察竞争对手的长处与不足等。

（二）要多看、多听、多想

见多识广，识多路广。每个人的知识、经验、思维以及对市场的了解

都不可能做到面面俱到，多看、多听、多想能广泛获取信息，及时从别人的知识、经验、想法中汲取有益的东西，从而增强发现机会的可能性。

（三）要有独特的思维

机会往往是被少数人抓住的。只有克服从众心理和传统的习惯思维模式，才能发现和抓住被别人忽视或遗忘的机会。要以超前的意识把握机遇，要发扬敢闯敢试、敢为天下先的精神，只有这样才能及时认识和把握国际国内市场为我们提供的良机。

（四）要用积极的心态去发现创业机会

有一些人将创业点子的产生归因于机缘凑巧，所谓"无心插柳柳成荫"。但是，研究创意的专家以为，创意只是冰山上的一角，没有平日的用心耕耘，机缘也不会如此凑巧。所谓的机缘凑巧或第六感的直觉，主要还是因为创业者在平日培养出的对环境变化的敏锐观察力。

第二节　创业机会的评估

所有的创业行为都来自绝佳的创业机会，但是如何才能知道自己的创业机会是否适合自己，以及是否具有发展前景呢？我们都知道，几乎九成以上的创业梦想最后都会落空。事实上，创业成功的概率不到1%。成功与失败之间，除了不可控制的机会、运气因素之外，显然还有许多创业机会在开始的时候，就已经注定未来可能失败的命运。[1]

创业本身是一种做中学的高风险行为，而且失败也可能是奠定下一次创业成功的基础。不过，如果创业者能先以比较客观的方式对创业机会进行评估，那么许多悲剧结局或许就可以避免，创业成功的概率也可以因此而大幅提升。

---

[1]李幸. 大学生人格特质、创业叙事对创业机会识别的影响研究[D]. 太原:山西财经大学,2021.

一、自我评估

在评估一个创业机会时，首先要考虑的就是看这个机会是否有利于发挥自己在技术、人脉关系、工作经验等方面的优势。例如，如果你想开办一家外贸企业，而你自己对外贸几乎一无所知，那么你创业成功的机会就十分渺茫了。反之，如果你曾经在外贸行业干过很长一段时间，对外贸业务非常熟悉，也与一批客户建立了良好的关系，那么你创业成功的可能性就会大得多。

另外，由于搞企业要面对方方面面的问题，如资金问题、管理问题、市场问题、人才问题等。因此，如果你曾经有企业高层管理的经验，那就更好了。

二、市场评估

（一）市场定位

一个好的创业机会，必然具有特定市场定位，专注于满足顾客需求，同时能为顾客带来增值的效果。因此评估创业机会的时候，可由市场定位是否明确、顾客需求分析是否清晰、顾客接触通道是否流畅、产品是否持续衍生等，来判断创业机会可能创造的市场价值。创业带给顾客的价值越高，创业成功的机会也会越大。

一般来说，应选择那些产品能重复消费、渠道能重复使用的创业项目。所谓渠道能够重复使用，就是一旦建立起来商品流通和分销渠道，应能使同类别的不同商品和新增商品长期反复使用。这样做的好处是：可以快速增加企业的销售额和利润，从而实现低成本扩张。

（二）市场结构

针对创业机会的市场结构进行四项分析，包括市场进入障碍，与供货商、顾客、经销商的谈判能力，替代性竞争产品的威胁，以及市场内部竞争的激烈程度。由市场结构分析可以得知新企业未来在市场中的地位，以及可能遭遇竞争对手反击的程度。

（三）市场规模

市场规模大小与成长速度也是影响新企业成败的重要因素。一般而言，市场规模大者，进入障碍相对较低，市场竞争激烈程度也会略为下降。但是，如果要进入的是一个十分成熟的市场，那么纵然市场规模很大，由于已经不再成长，利润空间必然很小，因此这种项目就不值得再投入。反之，一个正在成长中的市场，通常也会是一个充满商机的市场，所谓水涨船高，只要进入时机正确，必然会有获利的空间。

（四）市场渗透力

市场渗透力是指新产品上市后，在规划期内，市场潜力将以何种速度显现，即新产品占领市场的速度。市场渗透力的强弱意味着新产品被消费者接受速度的快慢和程度的深浅。市场渗透力越强，新产品成功的概率越大。因此，对于一个具有巨大市场潜力的创业机会，市场渗透力评估是一项非常重要的工作。聪明的创业家知道，进入市场的最佳时机应该是市场需求正要大幅成长之际。

（五）市场占有率

从创业机会预期可取得的市场占有率目标，可以显示这家新创公司未来的市场竞争力。一般而言，要成为市场的领导者，最少需要拥有20%以上的市场占有率。尤其对于具有赢家通吃特点的高科技产业，新企业必须拥有成为市场前几名的能力，才比较具有投资价值。

（六）产品的成本结构

产品的成本结构也可以反映新企业的前景是否光明。例如，从物料与人工成本所占比重之高低、变动成本与固定成本的比重，以及经济规模产量大小，可以判断企业创造附加价值的幅度以及未来可能的获利空间。

三、效益评估

（一）合理的税后净利

一般而言，具有吸引力的创业机会，至少需要能够创造15%以上税后净利。如果创业预期的税后净利是在5%以下，那么这就不是一个好的投资机会。

（二）达到损益平衡所需的时间

合理的损益平衡时间应该能在两年以内达到，但如果三年还达不到，恐怕就不是一个值得投入的创业机会。不过，有的创业机会确实需要经过比较长的耕耘时间，通过这些前期投入，创造进入障碍，保证后期的持续获利。在这种情况下，可以将前期投入视为一种投资，才能容忍较长的损益平衡时间。

（三）投资回报率

考虑到创业可能面临的各项风险，合理的投资回报率应该在25%以上。一般而言，15%以下的投资回报率是不值得考虑的创业机会。

（四）资本需求

资金需求量较低的创业机会，投资者一般会比较欢迎。事实上，许多个案显示，资本额过高其实并不利于创业成功，有时还会带来稀释投资回报率的负面效果。通常，知识越密集的创业机会，对资金的需求量越低，投资回报反而会越高。因此在创业开始的时候，不要募集太多资金，最好通过盈余积累的方式来创造资金。而比较低的资本额，将有利于提高每股盈余，并且还可以进一步提高未来上市的价格。

（五）毛利率

毛利率高的创业机会，相对风险较低，也比较容易取得损益平衡。反之，毛利率低的创业机会，风险则较高，遇到决策失误或市场产生较大变化的时候，企业很容易就遭受损失。一般而言，理想的毛利率是40%。当毛利率低于20%的时候，这个创业机会就不值得再考虑。软件业的毛利率通常都很高，所以只要能找到足够的业务量，从事软件创业在财务上遭受严重损失的风险相对会比较低。

第三节 创业风险的识别

创业的过程是一个充满风险、艰辛与坎坷的过程，也是一个充满激情与喜悦的过程。有价值的创业机会也是有风险的。了解创业面临的风险有哪些，创业者该如何识别创业风险，怎样才能尽量规避与防范可能出现的创业风险使创业过程能够顺利一些，等等，这些是每一个创业者都十分关注的问题。

一、创业风险的来源

创业风险是指企业在创业过程中存在的各种风险。由于创业环境的不确定性，创业机会与创业企业的复杂性，创业者、创业团队与创业投资者的能力与实力的有限性而导致创业活动后果的不确定性，就是创业风险。

研究表明，由于创业的过程往往是将某一构想或技术转化为具体的产品或服务的过程，在这一过程中，存在着几个基本的、相互联系的缺口，它们是上述不确定性、复杂性和有限性的直接影响因素，也就是说，创业风险在给定的宏观条件下，往往就直接来源于这些缺口。

（一）资金缺口

融资缺口存在于学术支持和商业支持之间，是研究基金和投资基金之间存在的断层。创业者可以证明其构想的可行性，但往往没有足够的资金将其变为创业现实，或在创业过程中因现金流断裂而影响企业运行，从而给创业带来一定的风险。通常，只有极少数基金愿意鼓励创业者跨越这个缺口，如富有的个人专门进行早期项目的风险投资，以及政府资助计划等。

（二）研究缺口

研究缺口主要是指创业者仅凭个人兴趣去研究和判断市场的潜力，当一个创业者认为某项技术突破可能产生某种创业机会时，他仅仅停留在自己满意的论证程度上。然而，在将创业预想真正转化为创业行为时，由于产品成本与预期收益的落差、实际消费和市场预期容量的落差等不确定因素，这种程度的论证便不可行了，这种论证的缺失导致了创业风险的产生。

（三）信息和信任缺口

信息和信任缺失存在于技术专家和管理者（投资者）之间。也就是说，在创业中，存在两种不同类型的人：一是技术专家，二是管理者（投资者）。技术专家将会提供可靠的技术信息，管理者将会采用一定的管理模式。两者在实际工作中有时会因岗位的信息差异而产生意见分歧。一个好的管理者需要具备性格、专业知识、领导能力、创新意识、协作精神等多种素质，如果管理者某些方面的素质不具备或存在较大的欠缺，不能协调这些冲突，会增加企业的风险，增加失败的可能。如果技术专家和管理者（投资者）之间不能充分信任对方，或者不能够进行有效的交流，那么这一缺口将会变得更深，从而带来更大的风险。

（四）资源缺口

资源与创业者之间的关系就如同颜料和画笔与艺术家之间的关系。没有了颜料和画笔，艺术家即使有了构思也无从实现。创业也是如此，没有所需的资源，创业者将一筹莫展，创业也就无从谈起。在大多数情况下，创业者不一定也不可能拥有所需的全部资源，这就形成了资源缺口。如果创业者没有能力弥补相应的资源缺失，要么创业无法起步，要么在创业中受制于人。

（五）管理缺口

管理缺失是指创业者不一定是出色的企业家，不一定具备出色的管理才能。创业活动主要有两种：一是创业者利用某一新技术进行创业，他可能是技术方面的专业人才，却不一定具备管理才能，从而形成管理缺口；二是创业者往往有某种奇思妙想，可能是新的商业点子，但在整体规划上不具备相应的才能，或不擅长管理具体的事务，从而形成管理缺口。

二、创业风险的分类

现实生活中存在的风险多种多样，不同的风险有着不同的性质和特点，它们形成的过程、发生的条件和对人类造成的损害也是不一样的。将种类繁多的风险按照一定的方法进行科学分类，有助于创业者对各种风险进行识别、测定和管理。

（一）按风险来源的主客观性划分

按风险来源的主客观性划分，可分为主观创业风险和客观创业风险。主观创业风险是指在创业阶段，由于创业者的身体与心理素质等主观方面的因素导致创业失败的可能性。客观创业风险是指在创业阶段，由于客观因素导致创业失败的可能性，如市场的变动、政策的变化、竞争对手的出现、创业资金缺乏等。[①]

（二）按风险对所投入资金即创业投资的影响程度划分

按风险对所投入资金即创业投资的影响程度划分，可分为安全性风险、收益性风险和流动性风险。创业投资的投资方包括专业投资者与投入自身财产的创业者。安全性风险是指从创业投资的安全性角度来看，不仅预期实际收益有损失的可能，而且专业投资者与创业者自身投入的其他财产也可能蒙受损失，即投资方财产的安全存在危险。收益性风险是指创业投资的投资方的资本和其他财产不会蒙受损失，但预期实际收益有损失的可能性。流动性风险是指投资方的资本、其他财产以及预期实际收益不会蒙受损失，但资金有可能不能按期转移或支付，造成资金运营的停滞，使投资方蒙受损失的可能性。

（三）按创业过程划分

按创业过程划分，可将创业风险分为机会的识别与评估风险、准备与撰写创业计划风险、确定并获取创业资源风险和新创企业管理风险。机会的识别与评估风险是指由于各种主客观因素，如信息获取量不足、把握不准确或推理偏误等使创业一开始就面临方向错误的风险；另外，机会风险

---

①应小萍,王金凯.创业风险感知在男女大学生创新自我效能感与创业意愿关系间的调节效应[J].中国社会心理学评论,2020(02):113-126+240.

的存在，即由于创业而放弃了原有的职业所面临的机会成本风险，也是该阶段存在的风险之一。准备与撰写创业计划风险，指创业计划的准备与撰写过程带来的风险。创业计划风险是指在创业计划制定过程中由于各种不确定性因素与制定者自身能力的限制而给创业活动带来的风险。确定并获取资源风险指由于存在资源缺口，无法获得所需的关键资源，或即使可获得，但获得的成本较高，从而带来一定风险。新创企业管理风险主要包括管理方式，企业文化的选取与创建，发展战略的制定、组织、技术、营销等各方面的管理中存在的风险。

（四）按风险性质对创业风险进行划分

按风险性质对创业风险进行划分，可分为系统风险与非系统风险。系统风险也称为市场风险，是指一些使整体市场受到影响并无法实现规避的风险，如政府经济政策的改变、利率的变化、通货膨胀、汇率变化等。系统风险是创业者和新创企业根本无法预计或事先通过采取某些针对性措施予以规避的，系统性风险也称为分散风险或宏观风险。

（五）按创业企业功能划分

按创业企业功能划分，创业风险可以分为技术风险、市场风险、资金风险、管理风险、环境风险。

1.技术风险

技术风险是指在企业技术创新过程中，因技术因素导致创业失败的可能性。它包括以下几个方面：

（1）技术成功的不确定性

创新技术从研究开发到实现产品化、产业化的过程中，任何一个环节的技术障碍，都将使产品创新前功尽弃，归于失败。

（2）技术前景的不确定性

新技术在诞生之初都是不完善的、粗糙的，对于在现有技术设备条件下，能否很快使其完善起来，工程师和创业者都没有把握。

（3）技术效果的不确定性

一项高技术产品即使成功地开发、生产，但事先也难以确定其效果。

（4）技术寿命的不确定性

高技术产品的重要特点之一就是寿命周期短，更新换代快。

2.市场风险

市场风险是指市场主体从事经济活动所面临的盈利或亏损的可能性和不确定性。包括：

（1）市场需求量

市场容量决定了产品的市场商业总价值。很多创业者在制订创业计划时，常常会根据调查的数据进行主观的推理，结果可能过大地估计市场的需求量。

（2）市场接受时间

一个全新的产品，打开市场需要一定的过程与时间。

（3）市场价格

高技术产品的研制开发成本一般较高，为了实现高投入的高收益回报，产品定价一般很高。

（4）市场战略

一项好的高技术产品，如果没有好的市场战略规划，在价格定位、用户选择、上市时机、市场区域划分等方面出现失误，就会给产品的市场开拓造成困难，甚至功亏一篑。

3.资金风险

资金风险是指因资金不能适时供应而导致创业失败的可能性。对于新企业，资金缺乏是最为普遍的问题，如果创业者不能及时解决，非常容易造成企业夭折。

4.管理风险

创业管理风险是指创业过程中因管理不善而导致创业失败所带来的风险。管理风险的大小主要由下列因素决定：

（1）管理者素质

一个优秀的创业家，可以不具备精深的技术知识，但必须具备这样一些素质：具有强烈的创新精神与创业意识，不墨守成规，不人云亦云；具有追求成就的强烈欲望，富于冒险精神、献身精神和忍耐力；具有敏锐的机会意识和高超的决策水平，善于发现机会、把握机会并利用机会；具有强烈的责任感和自信心，敢于在困境中奋斗，在低谷中崛起。

（2）决策风险

不进行科学分析，仅凭个人经验或凭运气的决策方式都可能导致惨重的失败。

（3）组织和人力资源风险

是指由于创业企业的组织结构不合理、用人不当所带来的风险。

5.环境风险

环境风险是指一项高技术产品创新活动由于所处的社会、政治、政策、法律环境变化或由于意外灾害发生而造成失败的可能性。因此，高技术产品创新，必须重视环境风险的分析和预测，把环境风险减到最低限度。

三、创业风险的控制与规避

市场经济条件下，创业总是有风险的，不敢承担风险，就难以求得发展。要创业就一定要在风险和收益之间进行抉择和权衡，既不能为了收益而不顾风险的大小，也不能因害怕风险而错失良机。关键是创业者要树立风险意识，在经营活动中尽可能预防风险、降低风险、规避风险。

创业风险防范主要指对风险的规避与控制。

（一）创业风险的控制方法

1.学会分析风险

创业者对每一经营环节都要学会分析风险，做什么都不能满打满算，要留有余地，对可能出现的风险要有明确的认识和克服的预案。创业者可以从两个角度进行风险分析。

角度一：从技术风险、市场风险、财务风险、政策及法律风险、团队风险等方面，预测特定创业机会及创业活动可能遇到的风险因素。

角度二：从系统风险、非系统风险两个方面，预测特定创业机会、创业活动可能遇到的风险因素。

两个角度的分析各有其方便之处和不便之处。要进行深入分析，提出需要采用的"层次分析法"，层层细化、逐级分析，以求深入准确揭示可能遇到的风险因素。

2.善于评估风险

创业者必须进行创业风险的评估。即将特定的创业机会和创业活动结合，分析和判断创业风险的具体来源、发生概率，测算风险损失，预期主要风险因素，测算冒险创业的风险收益，估计自己的风险承受能力，进而进行风险决策，提前准备相应的风险管理预案。例如，投资一旦失误，可能造成多大损失；投资款万一到期无法收回，可能造成多大经济损失；贷款一旦无法收回，会产生多少影响；资金周转出现不良，对正常经营会造成哪些影响；等等。通过分析，预测风险会带来的负面影响。①

3.积极预防风险

例如，对投资方案进行评估，对市场进行周密调查，制定科学的资金使用政策等。一旦某个环节出了问题，要有采取补救措施的预案，尽可能减少负面影响。同时，还要加强管理，建立健全企业各种规章制度，特别是合同管理、财务管理、知识产权保护等；在平时的业务交往中要认真签订、审查各类合同，加强对合同履行过程中的监督。

4.设法转嫁风险

风险不可避免，但可以转嫁。例如，财产投保，就是转嫁投资意外事故风险；购买商品是转嫁筹资风险；以租赁代替购买设备是转嫁投资风险。创业也是如此，个人独资承担无限责任，但几个人共同投资就是有限责任，就能分散风险。

（二）规避创业风险的具体措施

与其总想着预防风险，还不如从积极方面入手，从管理、技术、市场、财务、环境等几个方面对创业风险进行分析评估，采取系列措施规避风险，尽可能提高制胜概率。

---

①王飞.大学生创业风险管理能力培育研究[J].教育发展研究,2016,36(Z1):35-41.

1.应对技术风险

为防范和降低技术风险，创业企业除了要加大研发投入，缩短研发周期外，还要加强市场研究，迅速获得现有与潜在市场的产品信息，引领所在领域的产品潮流。

一是综合考虑企业自身技术能力、资金量和所需时间，选择技术获得途径；若选择引进技术，则要在引进技术前对所引进技术的先进性、经济性和适用性进行评价；加强对职工的技术培训，提高员工对高科技设备的操作熟练度，减少不必要的风险损失。

二是在技术开发的过程中加强技术管理，保证技术资料的机密性；要注意申请技术专利保护，防止技术的扩散给企业带来的损失。

2.应对市场风险

市场风险是创业过程中较为核心的风险因素，企业要结合发展战略，针对目标市场要求，根据外部环境因素，最有效地利用本身的人力、物力和财力资源，制定企业最佳的市场营销组合策略，最大限度地起到缓解市场风险的作用。

第一，树立以市场为导向的整合营销理念。以市场及消费者的需求为生产的出发点，时刻关注市场变化，善于抓住机会；广泛收集市场情报，并加以分析比较，制定有效的市场营销策略；摸清竞争对手底细，发现其创业思路与弱点；健全符合自身产品特点的销售渠道网络；以良好诚信的售后服务赢得顾客青睐。

第二，生产适销对路的产品。加快符合市场需要的新产品研发速度，根据市场需求和企业目标，扩大产品组合的宽度、增加产品线的深度和加强产品组合的关联度。

3.应对财务风险

为了应对财务风险，创业企业的领导班子要有适当分工，密切监控和加强防范，要根据企业的经验战略确定合理的债务结构；要做好现金预算，加强财务预算控制；要保持资产流动性。

创业企业应该建立一套比较有效的财务预警机制，借以分析导致企业失败的管理失误和波动，运用财务安全指标来预测企业财务危机，并不断调整自身达到摆脱财务困境的目的。其中常用的财务分析方法主要有"资金周转表"分析法、杜邦财务分析法、"本—量—利"分析法。

4.应对管理风险

为了更好地降低风险企业成长过程中的内部管理风险，提高创业成功率，创业企业有必要形成健全的管理制度。

（1）构建法人治理结构

建立科学的决策和监督机制是企业控制管理风险的前提，而这些又离不开合理的产权制度与健全的企业内部治理结构。所以，为减少企业管理风险，创业企业必须按照现代企业制度的要求，建立起真正的完善的法人治理结构。

（2）完善企业的内部控制制度

完善企业的内部控制制度的一个重要手段就是建立严密的内部控制系统。

（3）提高决策者、管理者的素质

对企业中高层管理人员的使用必须坚持德才兼备的用人标准，在人员甄选过程中两个方面的素质都应该列入考核内容，同时还应加强员工的职业道德教育和业务培训工作。

四、创业者风险承担能力

成功创业不可缺少的就是创业精神，创业精神一般外在表现为创新、承担风险和超前行动，与坚持创业或者放弃创业直接相关的是创业者的风险承担能力。

风险承担能力从字面上理解是指创业者有多大能力承担风险，也就是说创业者能承受多大的投资损失而不至于影响其正常生活。它是创业者在创业过程中表现出的重要行为特征。创业者在创业过程需要承担的风险包括高负债、人力资源投入、新产品新市场的引入以及关于新技术的投资等。

准确地说，创业者承担的风险是指"可承担的损失"或者说是"可计算的风险"，"可承担的损失"是创业者的底线。如何判断"可承担的损失"的大小，取决于创业者手头所拥有和所能掌控的资源。创业者通常会在可承受损失的范围内大胆尝试，如果超过底线，多数创业者会选择放弃。尽管有"可承担的损失"这一底线，但创业者还是要承担风险，甚至冒险，他们会将这些投资投向新领域、不确定性强的领域。

至于创业者的风险承担能力到底有多大的问题，必须综合衡量。这不仅与个人资产状况、家庭情况、工作情况等有关系，还与创业者个人素质，即创业者的心理素质、身体素质、知识素质和能力素质有关。

成功的创业者正是具备了良好的个人素质，所以在创业的过程中虽然承担了风险，但是他们会努力规避风险，而且能够乐观、清晰地看到创业企业的未来。他们科学地确定目标、部署战略、监督企业的运行，并且始终按照他们所预见的未来加以调整和控制，从而减少了各种可能的风险。同时，他们通过把风险转移给合伙人、投资者、债权人和利益相关者，从而有效地控制风险。

参考文献

[1]柏豪.高校层次对大学生创业的影响因素研究[D].北京：北京科技大学，2019.

[2]程秀霞.网络环境下加强大学生就业指导工作的思考[J].文教资料，2015(23).

[3]池倩文.大学生创业知识、创业机会开发与创业绩效：环境动态性的调节作用[D].南京：南京航空航天大学，2021.

[4]郭欣.中国当代大学生就业能力培养研究[D].长春：吉林大学，2017.

[5]李幸.大学生人格特质、创业叙事对创业机会识别的影响研究[D].太原：山西财经大学，2021.

[6]刘军.我国大学生创业政策体系研究[D].济南：山东大学，2015.

[7]刘晓敏.大学生就业素质的构成及提升机制研究[J].科技资讯，2015，13(01).

[8]刘岳，侯佳琳，任增元.我国大学生职业生涯规划理论基础及当代实践探索[J].现代教育科学，2022(02).

[9]刘志慧.大学生就业权益的法律保护研究[J].法制博览，2022(01).

[10]吕建勋.大学生就业价值取向引导研究[D].长春：东北师范大学，2022.

[11]申广军，姚洋，钟宁桦.民营企业融资难与我国劳动力市场的结构性问题[J].管理世界，2020，36(02).

[12]史秋衡，王芳.我国大学生就业能力的结构问题及要素调适[J].教育研究，2018，39(04).

[13]宋晓亚.经济新常态下大学生就业问题的认识和思考[J].人才资源开发，2022(22).

[14]王飞.大学生创业风险管理能力培育研究[J].教育发展研究，2016，36(Z1).

[15]王峰.基于供需耦合的大学生就业能力结构优化及实证研究[D].徐州：中国矿业大学，2018.

[16]王凯，赵荣，李峰.大学生创新创业理论与实务[M].上海：上海交通大学出版社，2018.

[17]杨薇.大数据背景下高校大学生就业指导工作开展策略研究[J].创新创业理论研究与实践，2022，5(08).

[18]应小萍，王金凯.创业风险感知在男女大学生创新自我效能感与创业意愿关系间的调节效应[J].中国社会心理学评论，2020(02).

[19]于友成.大学生创业学习社会网络构建研究[D].杭州：浙江大学，2021.

[20]张晓.基于"互联网+"时代背景的大学生创业研究[D].重庆：重庆大学，2019.

[21]钟宇，胡俊岩.大学生创新创业基础[M].北京：北京理工大学出版社，2020.

[22]周文霞，李硕钰，冯悦.大学生就业的研究现状及大学生就业困境[J].中国大学生就业，2022(07).

[23]庄郁香.大学生创业能力培养的现实困境与机制建构[D].南京：南京邮电大学，2022.